Jochim Lichtenberger

Spiele: mathematisch

Eine themenbezogene Spielauswahl
für den Unterricht in den Klassen 5 - 7

Schwann

© Pädagogischer Verlag Schwann-Bagel, Düsseldorf
Auflage 3 2 / 85
Graphik: Service für Gestaltung, V. Kiss, Aachen
Satz + Reprographie: Lehne - Druckform & Gesamtherstellung, Aachen
Druck: Offsetteam Zumbrink, Bad Salzuflen
ISBN: 3-590-12350-8

Inhalt

EINLEITUNG 5	

ANORDNUNG NATÜRLICHER ZAHLEN
Zahlen vertauschen 7
Pfeildiagramm-Spiel 7
Mr. X 8

STELLENWERTSYSTEME
Stehaufmännchen 9
Nim 9
Stellenwertwürfeln 10
Zauberkarten 11

RÖMISCHE ZAHLEN
Römerpuzzle 12

VEKNÜPFUNGEN VON MENGEN
Eule 13
Trio 14

ZAHLENVERKNÜPFUNGEN IN N
Potenzwürfel 15
Zahlen aufteilen 15
Zwei Affen und 60 Bananen 16
Zauberquadrat-Puzzle 17
Plus verboten 17
Tauziehen 18
Nautilus 18
Rechenfußball 19
Flußdiagramm 19
Grundrechen-Domino 20
Siebzehnerreste sammeln 20
15 gewinnt 21
Riesenrad 21
Lotto für Drei 21
Höchstens dreizehn 22
Schieber 22
Würfelzahlenquadrat 23
Überschlagslalom 23
Modulo 24
Würfelkippen 24
Von 1 bis 100 000 25

KONGRUENZABBILDUNGEN
Karo 26
Symmetrix 26
Wagenrad 27
Nürburgring 28
Zirkelspiel 28
Kongruix 29

GEOMETRISCHE FIGUREN
Käsekästchen 31

Gobang 31
Strich-Punkt 31
Quadrat-Müller 32
Würfelnetzspiel 33
Flächen färben 33
Dreiecke numerieren 34

KOORDINATENSYSTEM
Drei Spatzen 35
Koordi 35

GRÖSSEN GEOMETRISCHER FIGUREN
Rechtecksquartett 37
L-F-Terzett 37
Geogolf 38
Augenmaß 38
Geobillard 39

TEILER UND VIELFACHE
Lange Reihe 40
Schwarzer Peter - kgV 40
Teilerpuzzles 41
Ibiza 42
Hasse-Spiel 42
Teilersuche 43

BRUCHZAHLEN UND DEREN GRUNDRECHENARTEN
Bruchwürfeln 44
Bruchrechendomino 44
Schnipp-Schnapp 45
Patience 46
Bruchrechenlotto 46
Lotto-Patience 47
Schwarzer Peter - B 48
Zauberquadrat - Puzzles 48

RECHNEN MIT DEZIMALBRÜCHEN
Dezimalbrüche vertauschen 49
Druzzle 49
Dezimal-Nautilus 50
Dezimal-Domino 50
Dezimalslalom 51

PROPORTIONALE UND ANTIPROPORTIONALE ZUORDNUNG
Dreisatz-Terzett 51

PROZENTRECHNEN
Prozentrechenpuzzle 52
Prozentrechendomino 52
Schwarzer Peter - p 52

ZAHLENVERKNÜPFUNGEN IN ℤ
Kontospiel 53
Schwimmen 53
ℤ -Puzzle 53
Würfelzahlenquadrat 54
ℤ -Domino 55
16 Mexikaner 55

HÄUFIGKEIT UND WAHRSCHEINLICHKEIT
Eierwettlegen 56
Würfelkarten 56

HINWEISE ZUR HERSTELLUNG DES SPIELMATERIALS 57

SPIELVORLAGEN 58

Einleitung

Die Rede von der ‚Freizeitgesellschaft' beinhaltet eine Dichotomie in der Bewertung verschiedener menschlicher Aktivitäten. Während der Beruf, die ‚Sorge für den Lebensunterhalt', als notwendiges Übel angesehen wird, werden Aktivitäten, die Freude bereiten, weitgehend in den Bereich der Freizeit verlagert. Diese Einschätzung wirkt sich auch auf die Schule aus: Lernen gehört zu den Pflichten, die man auf sich nehmen muß, um später Geld zu verdienen, der Bereich von ‚Spiel und Spaß' fängt erst mittags außerhalb der Schule an. Der Versuch, der hiermit verknüpften Schulunlust im Mathematikunterricht durch das Einbringen von spielerischen Elementen im Rahmen der Mengenlehre entgegenzuwirken, ist als gescheitert anzusehen. Um so deutlicher entsteht der Eindruck, daß der Erwerb mathematischer Grundfertigkeiten, von Rechentechniken etwa, eine nicht eben lustvolle, aber unverzichtbare Notwendigkeit darstellt.

Diesen Eindruck versucht die vorliegende Sammlung mathematischer Lernspiele abzuschwächen. Die Spiele sind, wie die angegebenen Lernziele auch deutlich machen, klar als Lernmittel gedacht und sollen den Kindern auch als solche präsentiert werden. Sie sollten also nicht als Mittel angesehen und behandelt werden, den Kindern etwas beizubringen, ohne daß diese es merken, sondern eher als Mittel, den Kindern zu zeigen, daß Lernen auch Freude bereiten kann. Dies ist nicht nur eine Frage der Fairness Kindern gegenüber, sondern auch eine Frage der Effektivität: werden mathematische Lernspiele mit Freizeitspielen verglichen, so erlahmt ihr Reiz schnell; stellen sie aber eine Ergänzung zu anderen Lernformen dar, so stellt sich die motivierende und damit lernfördernde Wirkung immer wieder aufs neue ein.

Die motivierende Wirkung von Lernspielen hat verschiedene Gründe:
1. Die Aktions- und Sozialform des Spiels führt dazu, daß der Lehrer nicht mehr im Mittelpunkt des Geschehens steht, sondern daß die Schüler sich unmittelbar aufeinander beziehen können, daß sie fortwährend Gelegenheit haben, miteinander zu reden, Unklarheiten im Umgang mit Spielregeln zu klären, sich gegenseitig beim Rechnen zu helfen und mit Material wie Würfeln oder Spielkarten umzugehen.
2. Der Wettbewerbscharakter der meisten Spiele stellt mathematische Einzelaktivitäten in einen spannenden Zusammenhang. Zum Gewinn gehört meist nicht nur die Beherrschung von mathematischen Fähigkeiten, sondern oft auch eine ganze Portion Glück, sodaß im Gegensatz zu anderen Unterrichtsformen gerade auch die schwächeren Schüler zu Erfolgserlebnissen kommen.
3. Die Kenntnis von (womöglich selbst entdeckten) Gewinnstrategien bringt natürlich eine Überlegenheit mit sich, die auch beim Spielen mit Eltern oder Freunden zu ganz besonderen Erfolgserlebnissen führt.

Die Spiele sind je nach Spieltyp in der Einführungs- oder Übungsphase des Unterrichts verwendbar; wegen ihrer motivierenden Wirkung eignen sie sich auch gut für Vertretungsstunden, Randstunden oder für die Stunden vor Ferienbeginn.

Im Anschluß an die Spieldurchführung lohnt sich fast immer ein offenes Unterrichtsgespräch über unterschiedliche Entscheidungsmöglichkeiten, Spielverläufe, strategische Aspekte oder über Probleme, die sich durch Zusatzfragen ergeben.

Das Buch enthält Spiele zu fast allen wichtigen Themen der Klassen 5 bis 7, die die Lehrpläne vorschreiben. Zu vielen Themenbereichen sind mehrere Spiele mit unterschiedlichen kognitiven Lernzielen, verschiedenen Aktionsformen oder unterschiedlichen strategischen Anforderungen angeführt.

Die Darstellung jedes Spiels gliedert sich in 6 Punkte: Der **Themenbereich** gibt an, in welchen inhaltlichen Zusammenhängen das Spiel Verwendung finden kann, die **Spielform** nennt die Anzahl der Spieler und gibt Hinweise auf verwendetes Material (‚Würfelspiel') und kognitive Aspekte. Spiele, bei denen strategische Aspekte im Vordergrund stehen, sind als ‚Strategiespiele' gekennzeichnet. Aber auch diese Spiele lassen sich fast ausnahmslos als Übungsspiele für einfache rechnerische oder geometrische Tätigkeiten verwenden, ohne daß auf die strategischen Aspekte eingegangen wird.

Unter dem Abschnitt ‚**Material**' ist alles angeführt, was man zur Durchführung des Spiels im Unterricht braucht. Benötigte Kopiervorlagen und Hinweise zur Herstellung von Spielkarten findet man im Anhang. Der **Spielverlauf** enthält die Spielregeln und mögliche Varianten. Dies sind Spiele mit gleichem Material und gleichen oder ähnlichen kognitiven Lernzielen. Die Aktionsform ist meist etwas anders, sodaß andere affektive Lernziele angesprochen werden. Zur **Gewinnstrategie** sind bei strategischen Spielen oft kurze Hinweise für den Lehrer gegeben. Welche Hilfestellung bei der Suche nach Gewinnstrategien nötig ist, hängt weitgehend von den sehr unterschiedlichen analytischen Fähigkeiten der Schüler ab. Aus diesem Grund wurde hier auf didaktische Anmerkungen verzichtet.

Unter dem Abschnitt ‚**Lernziele**' sind nur die kognitiven Lernziele angeführt, die sich unmittelbar auf den mathematischen Inhalt des Spiels beziehen. Soziale Lernziele wie Einübung in Kommunikationsfähigkeit, faires Verhalten in Spielsituationen oder Handeln nach gemeinsamen Regeln sind nicht eigens erwähnt, ebensowenig angeführt sind affektive Lernziele wie Geduld oder angemessene Reaktion auf Erfolg oder Mißerfolg. Bei Spielen, nach deren Durchführung sich ein Unterrichtsgespräch über bestimmte Probleme sich besonders lohnt, ist dies unter ‚Zusatzfragen' oder ‚Unterrichtspraktische Hinweise' angemerkt. Die angegebene **Literatur** gibt meist an, woher die Spielidee stammt. Nur in einigen Fällen sind Angaben für vertiefende mathematische Betrachtungen zu finden.

Zahlen vertauschen

THEMENBEREICH
Anordnen von natürlichen Zahlen

SPIELFORM
Strategisches Spiel für 2 Personen

MATERIAL
Schreibmaterial

SPIELVERLAUF
Spieler 1 schreibt eine beliebige natürliche Zahl auf, Spieler 2 eine andere natürliche Zahl daneben usw., bis 5 Zahlen in einer Reihe stehen. Das eigentliche Spiel besteht nun darin, Zug um Zug jeweils zwei Zahlen zu vertauschen (wobei alle anderen ihre Plätze behalten). Gewonnen hat derjenige, dem es gelingt, die natürliche Reihenfolge der Zahlen (die kleinste zuerst) herzustellen. Da Spieler 1 die 5. Zahl geschrieben hat, beginnt Spieler 2 mit dem Vertauschen.

Ein Spielverlauf sieht etwa folgendermaßen aus:

```
Sp. 2    13   7   94   11   52
Sp. 1    13  11   94    7   52
Sp. 2     7  11   94   13   52
Sp. 1     7  11   52   13   94
          7  11   13   52   94   Sp. 1 gewinnt.
```

Zur Vermeidung von Schreibfehlern ist es zweckmäßig, die beiden vertauschten Zahlen mit andersfarbigem Stift zu schreiben und anschließend die übrigen Zahlen an ihren Platz zu setzen.

GEWINNSTRATEGIE
Schüler der Klassen 5 bis 7 finden die Gewinnstrategie nur mit Hilfe des Lehrers. Entscheidend ist dabei die Inversionszahl, definiert als Zahl der ‚falschen' Paare wie (13/7). Bittet man die Spieler, die Inversionszahlen für alle im Verlauf eines Spiels vorkommenden Zahlenanordnungen zu ermitteln und aufzuschreiben, so erkennen sie bald, daß
— die Inversionszahl im Spielverlauf immer abwechselnd gerade und ungerade wird,
— bei ungerader Inversionszahl der ursprünglichen Anordnung stets der Spieler gewinnt, der als erster vertauscht, bei gerader Inversionszahl der andere.

Da die Gewinnanordnung die Inversionszahl Null hat, kann diese bei einer ursprünglichen Anordnung mit ungerader Inversionszahl nur in 1; 3; 5 ... Zügen erreicht werden, also von dem Spieler, der als erster vertauscht.

Dieser Überlegung zufolge entscheidet der Spieler, der die letzte Zahl hinschreibt, über Gewinn oder Verlust. Da er anschließend als zweiter vertauscht, sollte er für eine gerade Inversionszahl sorgen.

LERNZIELE
— Natürliche Zahlen vergleichen und der Größe nach ordnen
— Schlußfolgerndes Denken

LITERATUR
Mangoldt-Knopp, Einführung in die höhere Mathematik, 1967, Seite 13 ff

Pfeildiagramm-Spiel

THEMENBEREICH
Pfeildiagramme zur Anordnung der natürlichen Zahlen

SPIELFORM
Strategisches Spiel für 2 Personen

MATERIAL
Schreibmaterial

SPIELVERLAUF
Als Spielfeld dient eine Anordnung von 5 Kreisen wie in Abb. 1

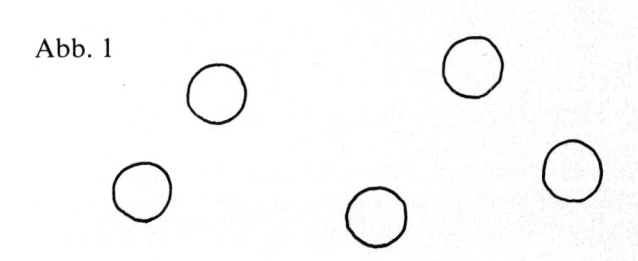

Abb. 1

Die Spieler ziehen abwechselnd. Wahlweise kann man
— eine der Zahlen 1 bis 5 in einen der Kreise schreiben, wobei jede Zahl nur einmal vorkommen darf,

— einen Pfeil mit der Bedeutung ‚ist größer als' zwischen zwei Kreise setzen.

Bei beiden Arten von Zügen ist darauf zu achten, daß sie im Einklang mit schon vorhandenen Zahlen und Pfeilen stehen müssen. In eine Anordnung der Form wie in Abb. 2 kann beispielsweise keine Zahl mehr eingetragen werden. Verloren hat, wer als erster nicht mehr ziehen kann.

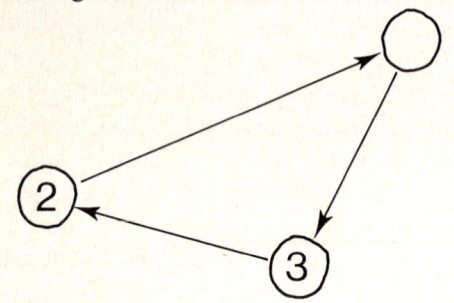

Abb. 2

LERNZIELE
— Die Anordnung natürlicher Zahlen durch Pfeildiagramme darstellen
— Natürliche Zahlen in vorgegebene Pfeildiagramme eintragen
— ‚Überbrückungspfeile' als strukturelle Bindung von Pfeildiagrammen erkennen (Transitivität der Ordnungsrelation)

Mr. X

THEMENBEREICH
Anordnung der natürlichen Zahlen, Grundrechenarten in N, Faktorenzerlegung

SPIELFORM
Mannschaftsspiel für die ganze Klasse

MATERIAL
Tafel, Kreide

SPIELVERLAUF
Der Lehrer ist Spielleiter. Die Schüler werden in zwei Mannschaften aufgeteilt. Der Spielleiter denkt sich eine natürliche Zahl zwischen 0 und 100 und schreibt diese zur späteren Kontrolle auf. Die Aufgabe der Mannschaften besteht nun darin, diese Zahl (das Alter von Mr. X) durch geschicktes Fragen zu erraten. Die Fragen müssen so gestellt werden, daß der Spielleiter sie mit ‚ja' oder ‚nein' beantworten kann.

Aus jeder Mannschaft werden abwechselnd Fragen gestellt.
Beispiel: Ist Mr. X älter als 60 Jahre?
Ist das Alter von Mr. X Vielfaches von 3?
Der Spielleiter schreibt die Fragen und Antworten in Kurzform an die Tafel. Gewonnen hat die Mannschaft, die zuerst die richtige Zahl nennt.

VARIANTEN
‚Größer als' - Fragen werden nur in Verbindung mit Termen zugelassen.
Beispiel: Ist Mr. X älter als $5 \cdot 9$ Jahre?

LERNZIELE
— Natürliche Zahlen vergleichen und der Größe nach ordnen
— Zahlenterme aus natürlichen Zahlen der Größe nach ordnen
— Eine unbekannte natürliche Zahl durch Einschachteln bestimmen

Stehaufmännchen

THEMENBEREICH
Zweier- oder Dreiersystem

SPIELFORM
Spiel für 5 bis 6 Schüler vor der übrigen Klasse

SPIELVERLAUF
5 oder 6 Schüler setzen sich auf ihren Stühlen nebeneinander vor die Klasse. Ihre Aufgabe besteht darin, Zahlen im Zweiersystem darzustellen:

Sitzenbleiben bedeutet 0
Aufstehen bedeutet 1.

Ein Spielleiter nennt die darzustellenden Zahlen im Zehnersystem. Wer nach 20 Sekunden noch nicht richtig sitzt oder steht, scheidet aus und wird durch einen Zuschauer ersetzt.

VARIANTEN
(Dreiersystem) Beide Arme hoch bedeutet 2
Ein Arm hoch bedeutet 1
Kein Arm hoch bedeutet 0

LERNZIELE
— Zahlen vom Zehnersystem ins Zweier- oder Dreiersystem übertragen.
— Strategien bei der Umrechnung entwickeln, um möglichst schnell zum Ergebnis zu kommen.

ZUSATZFRAGEN
Wie lautet die größte Zahl, die der Spielleiter nennen darf? Welcher Spieler hat es am einfachsten, welcher am schwersten? Wenn der Spielleiter die Zahlen der Reihe nach nennt, bei jeder wievielten Zahl muß Spieler 1 (Spieler 2, Spieler 3, ...) dann aufstehen?

Nim

THEMENBEREICH
Zweiersystem

SPIELFORM
Strategisches Spiel für 2 Personen

MATERIAL
Pro Gruppe etwa 20 Streichhölzer

SPIELVERLAUF
Mehrere Häufchen von Streichhölzern mit jeweils beliebig vielen Hölzern liegen auf dem Tisch. Abwechselnd nehmen die beiden Spieler beliebig viele Hölzer weg, aber pro Zug nur von einem Häufchen. Wer das letzte Streichholz bekommt, ist Sieger.

GEWINNSTRATEGIE
Eine vollständige Analyse dieses alten orientalischen Spiels hat der Mathematiker Bouton um die Jahrhundertwende entwickelt. Eine Schlüsselrolle spielt dabei das ‚Bündeln' der Häufchen: man denkt sich jedes Häufchen aufgeteilt in kleine Haufen, die jeweils 1; 2; 4; 8; 16 ... Hölzer umfassen. Da dies eine Darstellung der Anzahl im Zweiersystem entspricht, ist die Aufteilung nur auf eine Art möglich.

Beispiele:

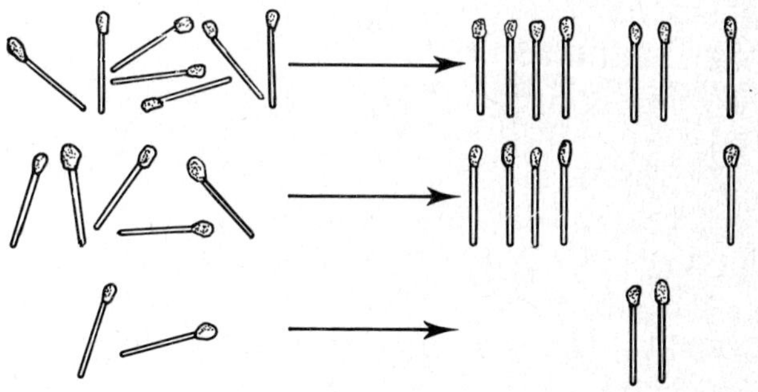

Abb. 3 a

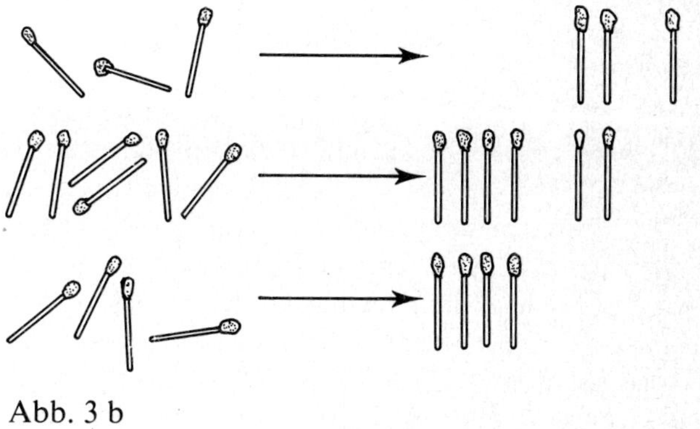

Abb. 3 b

Eine Gewinnsituation liegt dann vor, wenn nach der Aufteilung jede Häufchensorte geradzahlig oft vorkommt (Beispiel Abb. 3a), in einer Verlustsituation kommt mindestens eine Häufchensorte ungeradzahlig oft vor (Beispiel Abb. 3b).

Es ist leicht einzusehen, daß aus einer Gewinnsituation im nächsten Zug immer eine Verlustsituation wird, da man ja nur in einem Häufchen Hölzer wegnehmen darf und zumindest eine Häufchensorte ungeradzahlig macht. Andererseits kann man aus jeder Verlustsituation durch einen geschickten Zug eine Gewinnsituation machen (ausprobieren!). Die letzte Gewinnsituation ist die mit null Hölzern, also der Sieg. Man gewinnt demnach, indem man dem Gegener bei jedem Zug eine Gewinnsituation überläßt. Zur Ermittlung der Gewinnsituation ist es günstig, einige Spiele auf dem OH-Projektor durchzuführen. Die Schüler sind sicher nicht in der Lage, die Gewinnsituation zu durchschauen; den Weg zum Gewinn können sie aber erraten, wenn der Eingeweihte ihnen die Aufteilung in Zweierpotenzen nach jedem Zug des Gegners auf dem OH-Projektor vorführt (nicht erklärt, sonst wäre zuviel verraten) und sie eventuell darauf hinweist, daß die Anzahl der Haufen wichtig ist.

LERNZIELE
— Zahlen durch das Bündeln von Streichhölzern im Zweiersystem darstellen
— Schlußfolgerndes Denken

LITERATUR
Bouton, Charles: Nim, a Game with a Complete Mathematical Theory, in: Math. Annalen, Bd. 3, 1901/2, S. 35 - 39

Stellenwertwürfeln

THEMENBEREICH
Stellenwertsysteme

SPIELFORM
Würfelspiel für 2 bis 5 Personen

MATERIAL
Pro Gruppe ein Würfel, Schreibmaterial

SPIELVERLAUF
Zur Vorbereitung zeichnet jeder Spieler ein Schema der Form:

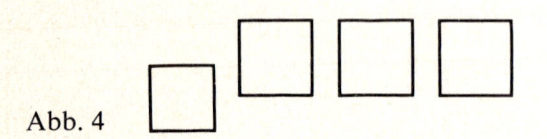

Abb. 4

Es wird reihum gewürfelt. Jeder Spieler setzt die von ihm gewürfelte Augenzahl in ein beliebiges der vier Kästchen seines Schemas ein; in der zweiten Würfelrunde wird ein zweites Kästchen besetzt usw., bis alle Kästchen voll sind. Anschließend werden die Zahlen in das Zehnersystem umgerechnet, sofern dies möglich ist. Ist es nicht möglich, so gilt das Ergebnis als ungültig und wird 0 gesetzt.

Beispiel:

$_5$ | 3 | 4 | 1 | $_5$341 = $1 \cdot 1 + 4 \cdot 5 + 3 \cdot 25 = 96$

$_5$ | 3 | 5 | 1 | ungültig, da im Fünfersystem die Ziffer 5 nicht vorkommt.

Wer das größte Ergebnis hat, hat gewonnen.

VARIANTEN
Es darf die gewürfelte oder eine beliebige kleinere Zahl eingetragen werden. Damit vermeidet man allzu häufige ungültige Ergebnisse.

LERNZIELE
Zahlen von einem Stellenwertsystem in das Zehnersystem übertragen.
Größenvergleich von Zahlen, die in verschiedenen Stellenwertsystemen dargestellt sind.

ZUSATZFRAGEN
Unter welchen Umständen läßt sich der Größenvergleich auch ohne Umrechnung in das Zehnersystem leicht durchführen?

Zauberkarten

THEMENBEREICH
Zweiersystem

SPIELFORM
‚Zauberkunststück' für ‚Zauberer' und Publikum

MATERIAL
6 Zauberkarten (Vorlage 1)

SPIELVERLAUF
Jemand aus dem ‚Publikum' denkt sich eine Zahl zwischen 1 und 63 und gibt dem ‚Zauberer' verdeckt, d. h. mit der Rückseite nach oben, die Karten, auf denen die Zahl zu finden ist. Der ‚Zauberer' nennt nun die gedachte Zahl.

Er errechnet sie folgendermaßen:

Karte 0 enthält alle Zahlen, die im Zweiersystem eine 1 an erster Stelle haben (Stellenwert 2^0).

Karte 1 alle Zahlen mit einer 1 an zweiter Stelle usw., sodaß die gesuchte Zahl sich als Summe entsprechender Zweierpotenzen ergibt.

Beispiel: Die gesuchte Zahl steht auf den Karten 0; 2 und 5.
$x = 2^0 + 2^2 + 2^5 = 37$

LERNZIELE
Zahlen vom Zweiersystem in das Zehnersystem übertragen.

Römerpuzzle

THEMENBEREICH
Römische Zahlschreibweise

SPIELFORM
Puzzle für einen bis 3 Spieler

MATERIAL
pro Gruppe ein Päckchen Streichhölzer

SPIELVERLAUF
Der Lehrer gibt eine Gleichung vor, die einen Fehler enthält. Die Aufgabe der Spieler besteht darin, diese Gleichung mit Streichhölzern in römischer Zahlenschreibweise zu legen und anschließend durch Verlegen von einem oder zwei Hölzern in eine richtige Gleichung umzuwandeln.
Die Zahlzeichen werden dabei wie in Abb. 5 gelegt:

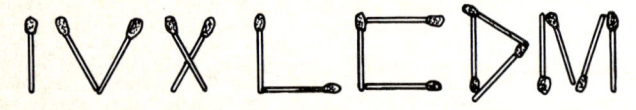

I V X L C D M

Abb. 5

Beispiel: Falsche Gleichung: 20 + 3 = 18

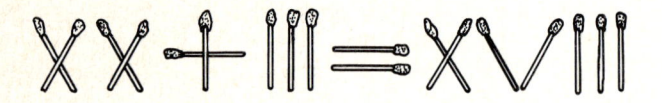

XX + III = XVIII

Lösungsmöglichkeiten: 15 + 3 = 18; 21 − 3 = 18; 20 + 3 = 23

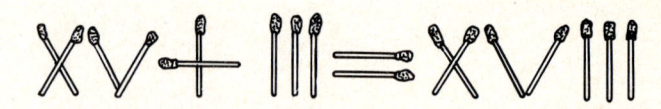

XV + III = XVIII

Weitere geeignete Gleichungen:
a) ein Holz verlegen:

Falsche Gleichung:	Lösungen:
11 = 10 + 5 − 6	9 = 10 + 5 − 6
	11 − 10 + 5 = 6
	11 = 10 − 5 + 6
64 + 8 = 121	64 + 8 = 72
	114 + 7 = 121
50 + 21 = 120	49 + 21 = 70
	100 + 20 = 120
1000 − 525 = 470	1000 − 530 = 470
	1000 − 525 = 475

b) zwei Hölzer verlegen:

Falsche Gleichung:	Lösungen:
100 + 60 = 90	99 − 60 = 39
	101 − 61 = 40
	99 − 59 = 40

LERNZIELE
Zahlen von römischer Schreibweise ins Zehnersystem übertragen und umgekehrt

Eule

THEMENBEREICH
Schnittmenge, Teiler- und Vielfachenmengen, ggT und kgV

SPIELFORM
Spiel für zwei Personen

MATERIAL
je Gruppe 50 kleine Karten (2 x 2 cm) mit den Zahlen 1 bis 50 (Vorlage 2), je Gruppe und Spiel ein DIN A 4 Arbeitsbogen (siehe Abb. 6) und zwei Stifte unterschiedlicher Farbe.

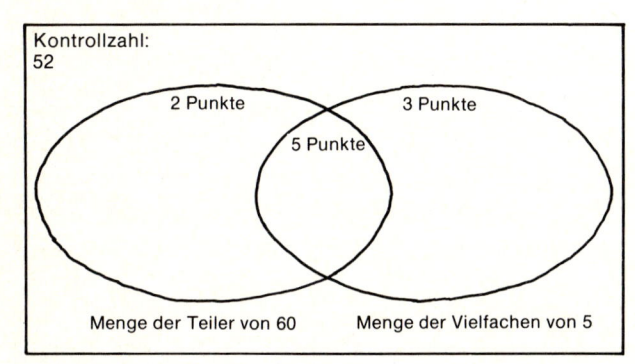

```
Kontrollzahl:
52
          2 Punkte            3 Punkte
                  5 Punkte

  Menge der Teiler von 60    Menge der Vielfachen von 5
```

Abb. 6

SPIELVERLAUF
Die 50 Karten liegen verdeckt und gemischt auf dem Tisch. Abwechselnd ziehen die beiden Spieler jeweils eine Karte und tragen die Zahl am richtigen Platz in das Mengenbild ein, wobei zwecks späterer Unterscheidung unterschiedliche Stifte benutzt werden. Zahlen, die in keine der beiden Mengen passen, werden an den Rand geschrieben. Anschließend wird die Karte zur Seite gelegt. Sind alle 50 Karten verbraucht, so errechnet jeder Spieler die von ihm erreichte Punktzahl nach den in der Vorlage angegebenen Werten. Bei fehlerfreier Durchführung des Spiels muß die Summe der von beiden erreichten Punkte die Kontrollzahl ergeben. Gewonnen hat natürlich derjenige, der die höhere Punktzahl hat. Tabelle 1 enthält einige Beispiele für geeignete Mengen und die zugehörigen Kontrollzahlen. Gibt man zwei Teiler oder Vielfachmengen vor, so gewinnt der g.g.T. oder das k.g.V. durch folgende Zusatzregel erhöhte Aufmerksamkeit:
‚Das größte (kleinste) Element der Schnittmenge ist 10 Punkte wert'.

VARIANTEN
In der angegebenen Form handelt es sich um ein reines Glücksspiel. Werden die Karten bei Spielbeginn offen hingelegt, so wird daraus ein reines Geschicklichkeitsspiel. Zwischenformen (z. B. 25 offene und 25 verdeckte Karten) sind natürlich auch möglich und eventuell bei gleich starken Spielern günstiger.

LERNZIELE
— Entscheiden, ob vorgegebene Zahlen Elemente bestimmter Mengen sind
— Sicherheit im Umgang mit Mengendiagrammen gewinnen
— Anhand von Mengendiagrammen die Begriffe ‚Schnittmenge', ‚elementfremde Mengen', ‚Teilmenge', ‚Gleichheit zweier Mengen', ‚g.g.T.' und ‚k.g.V.' kennenlernen

Menge A (2 Punkte)	Menge B (3 Punkte)	Kontrollzahl	Eigenschaften
T_{60}	T_{72}	55	
T_{36}	T_{54}	39	
T_{96}	T_{72}	55	
T_{80}	T_{40}	42	$B \subset A$
T_{45}	T_{90}	45	$A \subset B$
V_2	V_3	98	
V_3	V_4	68	
V_6	V_8	34	
T_{60}	V_5	52	
T_{54}	V_3	62	
T_{40}	V_3	62	$A \cap B = \emptyset$
T_{56}	V_5	44	$A \cap B = \emptyset$
V_6	durch 2 und durch 3 teilbare natürliche Zahlen	40	$A = B$
Menge aller natürl. Zahlen, deren: Quersumme durch 3	V_3	80	$A = B$
Quersumme durch 4	V_4	60	
Quersumme durch 9 teilbar ist	V_9	25	$A = B$
Quersumme 6 ist	V_3	58	$A \subset B$

Tabelle 1.
Geeignete Mengen für das Mengenlehrespiel ‚Eule'

Trio

THEMENBEREICH
Mengendiagramme von 3 Mengen

SPIELFORM
Spiel für 2 Mannschaften

MATERIAL
Tafel und 3 verschiedenfarbige Kreiden

SPIELVERLAUF
Vor Spielbeginn werden die drei beschrifteten Kreise nach Abb. 7 an die Tafel gezeichnet. Die Klasse wird in zwei Mannschaften aufgeteilt, welche abwechselnd an der Reihe sind. Je ein Spieler trägt in seiner Mannschaftsfarbe eine beliebige Zahl aus der Grundmenge 1; 2; 3 . . . 50 an geeigneter Stelle in das Diagramm ein. Das Spiel ist zu Ende, wenn keine Zahlen mehr gefunden werden, die in einen der Kreise gehören. Jede Mannschaft zählt ihre Punktzahl zusammen; bei fehlerfreier Durchführung muß die Summe aller Punktzahlen die Kontrollzahl ergeben.

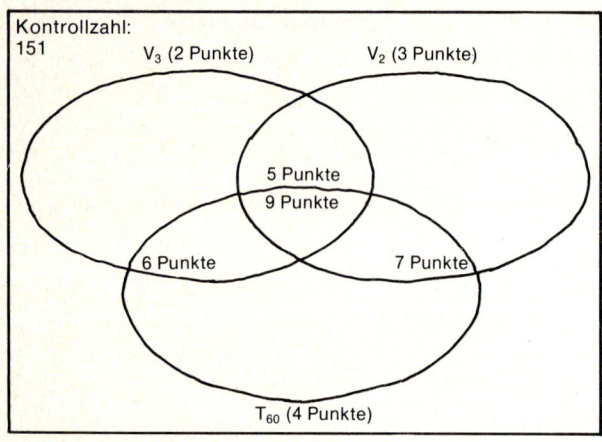

Weitere geeignete Mengen enthält Tabelle 2.

A (2 Punkte)	B (3 Punkte)	C (4 Punkte)	Kontrollzahl
V_2	V_3	V_4	146
V_2	V_3	V_5	138
T_{90}	T_{40}	T_{80}	82

Tabelle 2

LERNZIELE
— Sicherheit und Schnelligkeit im Umgang mit Mengendiagrammen gewinnen
— Vorgegebene Zahlen in Mengendiagramme eintragen

Abb. 7
(Kontrollzahl: 151; V_3 (2 Punkte), V_2 (3 Punkte), T_{60} (4 Punkte); 5 Punkte, 9 Punkte, 6 Punkte, 7 Punkte)

Potenzwürfel

THEMENBEREICH
Potenzen im Bereich der natürlichen Zahlen

SPIELFORM
Würfelspiel für 3 bis 4 Personen

MATERIAL
Pro Gruppe 2 Würfel, pro Spieler 3 bis 5 Spielmarken (Streichhölzer o. ä.)

SPIELVERLAUF
Es wird reihum mit beiden Würfeln gewürfelt. Jeder Spieler bildet aus beiden Augenzahlen wahlweise einer der beiden möglichen Potenzen, wie in Abb. 8 gezeigt ist.

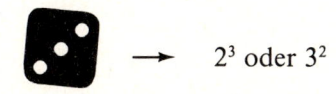

Abb. 8 ⚁ ⚂ → 2^3 oder 3^2

Wer die kleinste Potenz hat, hat die Runde verloren und muß eine Spielmarke abgeben. Hat ein Spieler keine Spielmarke mehr, so darf er noch mitspielen (er ‚schwimmt'), bis er nochmal verliert (‚untergeht'), dann scheidet er aus. Sieger ist derjenige, der als letzter übrigbleibt.
Die größten Potenzen sollten voher ausgerechnet werden, da die Rechnungen das Spiel sonst zu lange aufhalten.

LERNZIELE

— Eine Potenz als Produkt aus gleichen Faktoren darstellen und ausrechnen

— Einüben einfacher Potenzen wie $2^3=8$ oder $5^2=25$

— Rechenvorteile beim Ausrechnen von Potenzen wahrnehmen
z. B. $2^6 = 2^3 \cdot 2^3 = 64$

Zahlen aufteilen

THEMENBEREICH
Addition natürlicher Zahlen, Gleichungsschreibweise

SPIELFORM
Strategisches Spiel für zwei Personen

MATERIAL
Schreibmaterial

SPIELVERLAUF
Eine vorgegebene natürliche Zahl (z. B. 11) wird vom 1. Spieler in zwei Summanden aufgeteilt, die beide größer oder gleich 2 sein müssen. Der 2. Spieler teilt einen der beiden Summanden weiter auf usw. Wer die letzte mögliche Aufteilung durchführt, hat gewonnen

Beispiel:
```
           11
Sp. 1  ⌐= 3 + 8
Sp. 2  ⌐= 3 + 2 + 6
Sp. 1  ⌐= 3 + 2 + 4 + 2
Sp. 2  ⌐= 3 + 2 + 2 + 2 + 2
```

VARIANTEN
Ausgangszahl und Mindestgrößen der Summanden können beliebig gewählt werden.
Die Forderung nach einer Mindestgröße der Summanden kann ersetzt werden durch die Bedingung, daß die beiden Summanden, die aus einer Aufteilung hervorgehen, immer verschieden groß sein müssen.

GEWINNSTRATEGIE
Bei kleinen Ausgangszahlen läßt sich die Gewinnstrategie durch Aufzeichnen eines Spielbaums ermitteln.
Für die Ausgangszahl 11 und Summandenmindestgröße 2 ist ein Spielbaum angeführt (Abb. 9). Man sieht daran, daß der zweite Spieler sicher gewinnt, indem er die Aufteilungen mit den Summanden 2; 3; 6 und 3; 3; 5 vermeidet.

LERNZIELE
— Addieren und Subtrahieren natürlicher Zahlen
— Einübung in die Gleichungsschreibweise
— Rechenbäume als Entscheidungshilfe aufstellen
— Übung im schlußfolgernden Denken

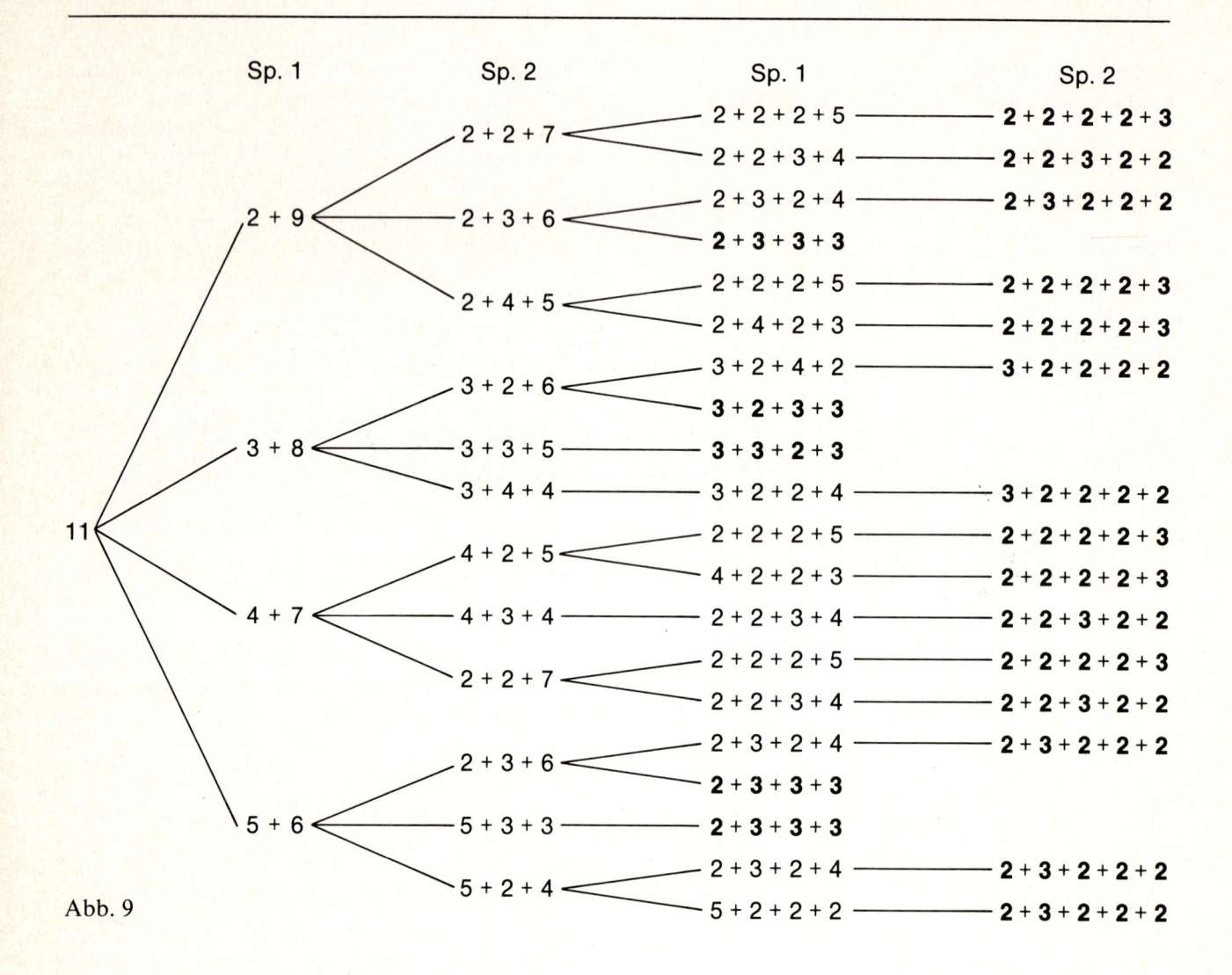

Sp. 1	Sp. 2	Sp. 1	Sp. 2

Abb. 9

Zwei Affen und 60 Bananen

THEMENBEREICH
Subtraktion natürlicher Zahlen

SPIELFORM
Strategisches Spiel für zwei Personen

MATERIAL
Schreibmaterial

SPIELVERLAUF
Auf einer Bananenpalme hängen 60 Bananen. Die beiden Affen klettern abwechselnd hoch und pflücken welche, und zwar bei jedem Hochklettern mindestens eine und höchstens 8 Bananen. Wer die letzte Banane bekommt, hat gewonnen.
Es ist zweckmäßig, den gesamten Spielverlauf in Operatorschreibweise zu notieren.

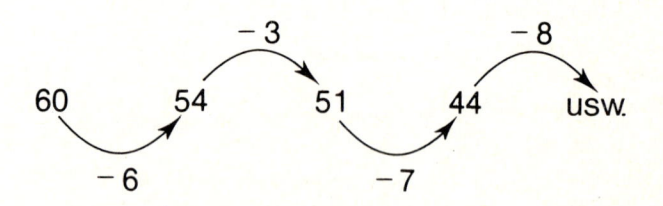

GEWINNSTRATEGIE
Spieler 1 kann immer gewinnen. Beginnt man mit kleineren Zahlen als 60, so entdeckt man schnell die Bedeutung der Zahlen 9; 18; 27 . . . für die Gewinnstrategie.

LERNZIELE
— Subtraktion natürlicher Zahlen
— Übung im schlußfolgernden Denken

Zauberquadrat-Puzzle

THEMENBEREICH
Addition und Subtraktion natürlicher Zahlen

SPIELFORM
Puzzlespiel für einen bis drei Spieler

MATERIAL
Zahlenkarten 1 ... 50 (Vorlage 2)

SPIELVERLAUF
Ein Zauberquadrat besteht aus quadratisch angeordneten Zahlen, wobei Zeilen, Spalten und Diagonalen die gleiche Summe ergeben. Nachdem der Lehrer diese Anordnung erläutert hat, versuchen die Spieler, aus den Zahlen 1 bis 9 ein Zauberquadrat mit der Summe 15 zu legen.

Weitere Anleitungen für Zauberquadrate:

Zahlen von 3 bis 11: Summe 21
Zahlen von 13 bis 21: Summe 51
gerade Zahlen von 2 bis 18: Summe 30
Zahlen von 21 bis 29: Summe 75
Zahlen von 1 bis 16: Summe 34 (Hilfe: In die Ecken gehören die Zahlen 1; 3; 4; 16).
Zahlen von 1 bis 25: Summe 65 (Hilfe: In die Ecken gehören die Zahlen 3; 11; 15; 23; in die Mitte 13).

LERNZIELE
— Addieren und Subtrahieren natürlicher Zahlen
— Übung im logischen Schließen und Kombinieren

Plus verboten

THEMENBEREICH
Addition und Subtraktion natürlicher Zahlen, Distributivgesetz

SPIELFORM
Strategisches Spiel für zwei Personen

MATERIAL
Schreibmaterial

SPIELVERLAUF
Vorgegeben ist eine Menge M der Form
$M = \{m; 2m; 3m; \ldots nm\}$ mit natürlichen Zahlen n; m z. B. $m = 7$; $n = 5$; also $M = \{7; 14; 21; 28; 35\}$
Die beiden Spieler schreiben abwechselnd Zahlen aus der Menge M auf; dabei dürfen nur solche Zahlen gewählt werden, die sich nicht als Summe zweier schon verwendeter Zahlen darstellen lassen. Wer keine erlaubte Zahl mehr findet, hat verloren.

VARIANTEN
Eine Zahl darf nur dann gewählt werden, wenn sie
a) nicht als Summe beliebig vieler schon verwendeter Zahlen oder
b) nicht als Summe oder Differenz zweier schon verwendeter Zahlen
darstellbar ist.

GEWINNSTRATEGIE
Hinsichtlich der Gewinnstrategie ist wegen des Distributivgesetzes die Zahl m ohne Bedeutung (Beispiel: $2m + 3m = (2 + 3)m$). Man setzt der Einfachheit halber $m = 1$. Für kleine Zahlen n ermittelt man die Gewinnstrategie anhand eines Spielbaumes. Dieser ist für den Fall $n = 4$ angeführt (Abb. 10). Spieler 1 gewinnt, indem er mit 1 oder 2 beginnt und seinen nächsten Zug so wählt, daß Spieler 2 keine Möglichkeit mehr hat.

LERNZIELE
— Addieren und Subtrahieren natürlicher Zahlen
— Übung im schlußfolgernden Denken

Abb. 10

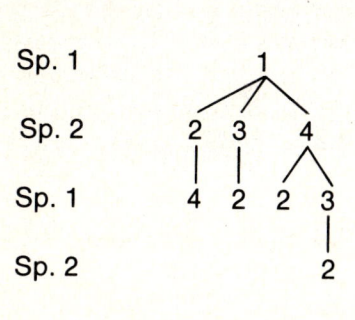

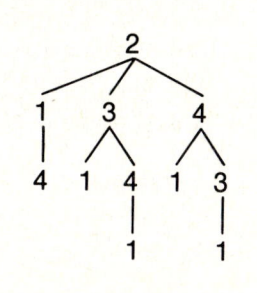

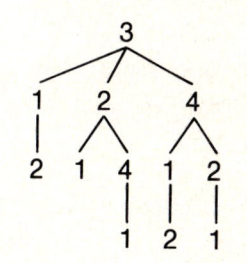

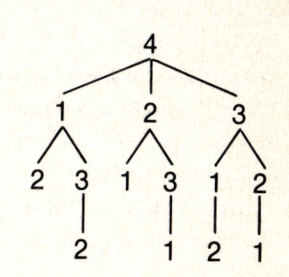

Tauziehen

THEMENBEREICH
Addition und Subtraktion natürlicher Zahlen

SPIELFORM
Strategisches Spiel für zwei Personen

MATERIAL
Pro Gruppe 5 Streichhölzer und zwei Zettel

SPIELVERLAUF
Die Streichhölzer werden wie in Abb. 11 zwischen die Spieler gelegt.

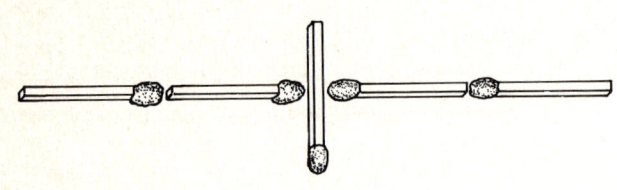

Abb. 11

Die Spieler zeichnen je ein Schema der folgenden Form (Abb. 12) auf ihren Zettel.

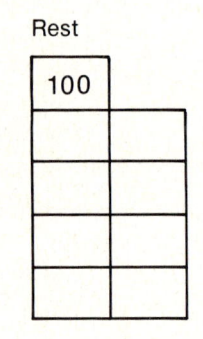

Rest	
100	

Abb. 12

Beide Spieler haben in höchstens vier Runden je 100 Punkte zu verspielen. In der ersten Runde schreibt jeder, ohne daß der andere es sieht, die in dieser Runde gesetzte Punktzahl in das rechte obere Feld und links daneben die Punkte, die ihm dann noch von den 100 Punkten übrigbleiben. Nun werden die rechten Zahlen der beiden Spieler verglichen. Wer die größere Zahl hat, hat in der ersten Runde gewonnen und darf das ‚Tau' um eine Streichholzlänge zu sich hin ziehen, d. h. ein Streichholz von der gegnerischen Seite auf die eigene Seite legen. Die weiteren drei Runden verlaufen entsprechend. Das Spiel ist zu Ende, wenn das ‚Tau' ganz über die Mittellinie gezogen ist oder wenn die vier Runden vorüber sind.
Beispiel eines Spielverlaufs in Abb. 13:

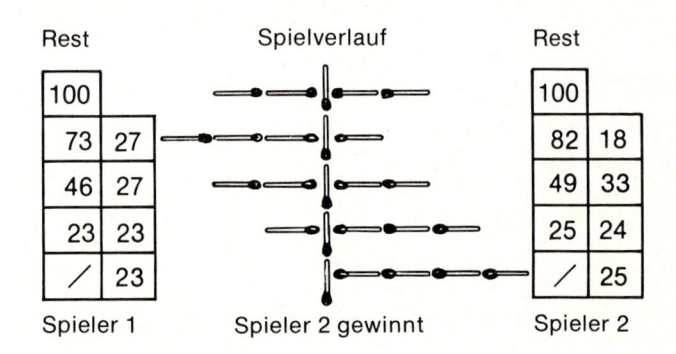

Rest		Spielverlauf	Rest	
100			100	
73	27		82	18
46	27		49	33
23	23		25	24
/	23		/	25

Spieler 1 — Spieler 2 gewinnt — Spieler 2

Abb. 13

LERNZIELE
Addieren und Subtrahieren natürlicher Zahlen

Nautilus

THEMENBEREICH
Grundrechenarten in N.

SPIELFORM
Setzspiel für drei Personen

MATERIAL
Pro Gruppe ein Spielfeld (Vorlage 4), 3 Spielfiguren (kleine Spielkegel, bunte Stiftkappen o. ä.)

SPIELVERLAUF
Die Spieler setzen ihre Spielfiguren auf die drei Startfelder. Reihum rechnen sie nun eine der beiden Aufgaben auf dem besetzten Feld (welche, steht dem Spieler frei), und setzen ihren Spielstein auf das Feld, dessen große Zahl das Ergebnis der gerechneten Aufgabe darstellt. Wer als erster im Ziel angelangt ist, hat gewonnen. Gelangt ein Spieler auf ein von einem Mitspieler besetztes Feld, so kann er dessen Figur ‚hinauswerfen', d. h. auf ein nach außen hin benachbartes Feld oder, falls es sich um ein Randfeld handelt, auf ein Startfeld versetzen.

LERNZIELE
Einüben der Grundrechenarten mit natürlichen Zahlen

Rechenfußball

THEMENBEREICH
Rechnen in N

SPIELFORM
Spiel für zwei Personen oder zwei Mannschaften

MATERIAL
Schreibmaterial bzw. Tafelanschrift

SPIELVERLAUF
Das Spielfeld (Abb. 14) wird aufgezeichnet.

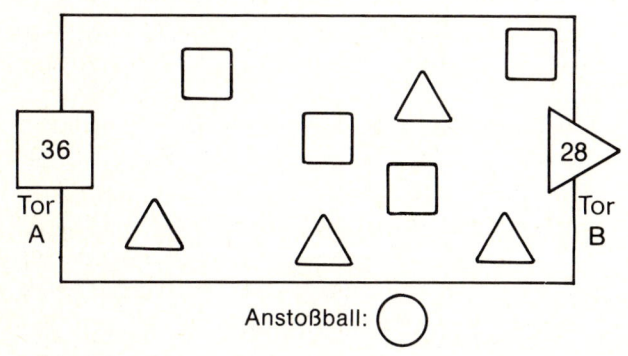

Abb. 14

Anschließend vergeben die beiden Mannschaften die Rückennummern ihrer Spieler. Die Wahl muß aus den natürlichen Zahlen von 2 bis 11 erfolgen. Die beiden Mannschaften versuchen, das gegnerische ‚Tor' zu treffen, indem sie mit dem vom Gegner übernommenen ‚Ball' (Ergebniszahl der jeweils letzten Rechnung) und einem ‚Spieler' (eingekreiste Zahlen) eine Rechnung durchführen, deren Ergebnis möglichst die Zahl im gegnerischen Tor ist.

Reihum sagt ein Mitglied jeder Mannschaft eine Rechnung, die ein Schriftführer an die Tafel schreibt.
Beispiel eines Spielverlaufs: Der erste Ball wird vom Lehrer vorgegeben und muß so gewählt werden, daß nicht gleich ein Treffer möglich ist.

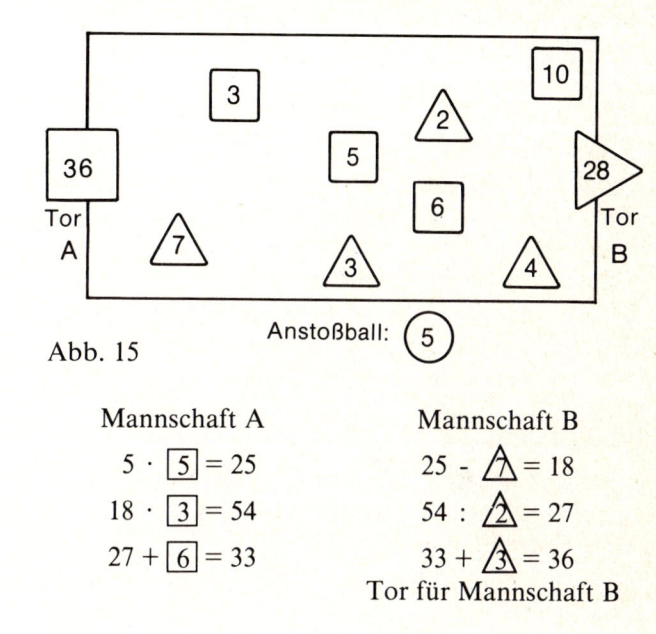

Abb. 15

Anstoßball: 5

Mannschaft A
$5 \cdot \boxed{5} = 25$
$18 \cdot \boxed{3} = 54$
$27 + \boxed{6} = 33$

Mannschaft B
$25 - \triangle{7} = 18$
$54 : \triangle{2} = 27$
$33 + \triangle{3} = 36$
Tor für Mannschaft B

VARIANTEN
a) zwei Tore für jede Mannschaft
b) mehr ‚Spieler' im Spielfeld
Beide Varianten führen zu häufigeren Torschüssen.

LERNZIELE
— Rechnen im Bereich der natürlichen Zahlen
— Konzentrationsübung

Flußdiagramm

THEMENBEREICH
Grundrechenarten in N

SPIELFORM
Brettspiel für zwei bis vier Personen

MATERIAL
Pro Gruppe ein Spielplan (Vorlage 8), ein Würfel, pro Spieler eine Spielfigur (Halmasetzer, Knopf o. ä.), Schreibmaterial

SPIELVERLAUF
Zu Spielbeginn stehen alle Figuren auf ‚START'.

Reihum setzen die Spieler ihre Figuren ein Feld vor und führen den dort angegebenen Auftrag durch. Auch im Verlauf des Spiels rücken die Figuren immer nur ein Feld vor. Die Spieler notieren nach jedem Zug ihre momentane Punktzahl. Das Spiel ist zu Ende, wenn der erste Spieler bei ‚STOP' angekommen ist. Sieger ist derjenige, der dann die höchste Punktzahl hat.

LERNZIELE
— Aufgaben zu den Grundrechenarten in N lösen.
— Durch Flußdiagramme vorgegebene Rechenaufträge und Entscheidungen durchführen.

Grundrechen-Domino

THEMENBEREICH
Termberechnungen in $\mathbb{N}$ unter Verwendung von Rechenvorteilen

SPIELFORM
Kartenspiel für zwei bis drei Personen

MATERIAL
Pro Gruppe 40 Karten (Vorlage 6)

SPIELVERLAUF
Die Karten liegen gut gemischt und verdeckt auf dem Tisch. Zu Spielbeginn wird eine Karte offen zwischen die Spieler gelegt. Jeder Spieler erhält drei Karten. Nun legt reihum jeder Spieler eine seiner Karten an, und zwar immer eine Aufgabe an ein Ergebnis, nicht umgekehrt. Dabei können auch mehrere Aufgaben an ein Ergebnis angelegt werden, sodaß Verzweigungen entstehen. Wer nicht anlegen kann, muß eine Karte aus dem verdeckten Stoß ziehen. Kann er dann immer noch nicht anlegen, so ist der nächste Spieler an der Reihe. Wer als erster keine Karten mehr hat, ist Sieger.

VARIANTEN
a) Die Karten liegen verdeckt und ausgebreitet auf dem Tisch. Ein Spieler deckt zwei Karten auf. Stimmen zwei Ergebnisse oder zwei Aufgaben oder ein Ergebnis und eine Aufgabe dem Wert nach überein, so darf er die Karten behalten, andernfalls dreht er sie wieder um und der nächste Spieler ist an der Reihe. Sieger ist, wer zuletzt die meisten Karten hat.

b) Schnipp-Schnapp wird zu zweit gespielt.
Jeder Spieler bekommt die Hälfte der Karten, einer von beiden wird für das ganze Spiel zum „Schnipp-Sager" bestimmt. Die Spieler dürfen ihre eigenen Karten nicht sehen, sondern lassen sie verdeckt als Stapel vor sich liegen. Immer wenn der Schnipp-Sager „schnipp" sagt, legen beide Spieler die oberste Karte ihres Stapels offen in die Mitte. Stimmen zwei Ergebnisse oder zwei Aufgaben dem Wert nach überein, so sagt derjenige, der dies als erster entdeckt, schnell „schnapp" und darf die beiden Karten behalten. Sind alle Aufgaben und Ergebnisse verschieden, so sagt der Schnipp-Sager wieder „schnipp" und die Spieler legen je eine Karte offen auf die schon daliegenden. Wer jetzt als erster „schnapp" sagen kann, erhält die beiden gleichen Karten und die darunterliegenden. Sieger ist derjenige, der am Schluß die meisten Karten hat.

LERNZIELE
— Berechnung von Termen mit natürlichen Zahlen unter Verwendung von Rechenvorteilen
— Anwendung von Kommutativ-, Assoziativ- und Distributivgesetz zur vereinfachten Berechnung von Termen in $\mathbb{N}$
— Konzentrationsübung

Siebzehnerreste sammeln

THEMENBEREICH
Schriftliche Division natürlicher Zahlen

SPIELFORM
Mannschaftsspiel für 5 bis 6 Mannschaften

MATERIAL
Schreibmaterial

SPIELVERLAUF
Die Klasse wird in 5 bis 6 Mannschaften aufgeteilt. Jede Mannschaft einigt sich auf eine beliebige fünfstellige Zahl und teilt diese durch 17. Sieger der ersten Runde ist die Mannschaft, deren Division den größten Rest ergibt. In der zweiten Runde wird das Divisionsergebnis (ohne Rest) wieder durch 17 geteilt und der Rest notiert usw. Das Spiel endet nach drei oder vier Runden, wenn eine Division durch 17 nicht mehr möglich·ist. Gesamtsieger ist die Mannschaft, die über alle Runden hinweg die größte Restsumme hat.

GEWINNSTRATEGIE
Die beste Zahl ist 98 259 mit der Restsumme 50.
Es gilt:
$98\,259 = \{[(1 \cdot 17 + 2) \cdot 17 + 16] \cdot 17 + 16\} \cdot 17 + 16$
Eine 3 anstatt der 2 ergibt schon eine 6-stellige Zahl.

LERNZIELE
Schriftliche Division in $\mathbb{N}$.

15 gewinnt

THEMENBEREICH
Addition und Subtraktion natürlicher Zahlen

SPIELFORM
Strategiespiel für 2 Personen

MATERIAL
Pro Gruppe 50 Zahlenkarten (Vorlage 2)

SPIELVERLAUF
9 Karten mit den Zahlen 1 bis 9 liegen offen auf dem Tisch. Die Spieler nehmen abwechselnd eine Karte. Wer mit drei Karten (nicht mit zweien!) die Summe 15 bilden kann, hat gewonnen.

VARIANTEN
Es wird mit anderen Karten gespielt, die zusammen ein Zauberquadrat ergeben. Siehe dazu die Varianten des Zauberquadrat-Puzzle S. 17. Dabei ist zu beachten, daß nicht nur die Summe, sondern auch die Anzahl der Summanden unterschiedlich ist.

GEWINNSTRATEGIE
Ordnet man die 9 Karten zu dem Zauberquadrat wie in Abb. 16, so erkennt man, daß es günstig ist mit 5 zu beginnen.

8	3	4
1	5	9
6	7	2

Abb. 16

LERNZIELE
— Addition und Subtraktion natürlicher Zahlen
— Übung im schlußfolgernden Denken

Riesenrad

THEMENBEREICH
Termberechnungen in $\mathbb{N}$

SPIELFORM
Spiel für zwei Spieler

MATERIAL
Pro Gruppe ein Arbeitsbogen (Vorlage 5), zwei verschiedenfarbige Stifte

SPIELVERLAUF
Das Ziel des Spiels besteht darin, durch Verknüpfung der ‚Mitfahrer' möglichst viele ‚Gondeln' zu besetzen.
  Beispiel: $61 = 7 \cdot 9 - 8 + 6$
Die Terme dürfen alle Grundrechenarten und Klammern enthalten, aber jeden ‚Mitfahrer' höchstens einmal. Wer einen passenden Term gefunden hat, trägt ihn in die ‚Gondel' ein. Sieger ist der Spieler, der am Schluß die meisten ‚Gondeln' besetzt hat.
Ist einem Spieler bei der Termberechnung ein Fehler unterlaufen, so wird die betreffende ‚Gondel' für den Mitspieler gezählt.

VARIANTEN
Natürlich können als ‚Gondeln' und ‚Mitfahrer' auch andere Zahlen verwendet werden. Dabei ist es ratsam, vorher auszuprobieren, ob es überhaupt passende Terme gibt.

LERNZIELE
Terme mit natürlichen Zahlen aufstellen, die einen vorgegebenen Wert haben

Lotto für Drei

THEMENBEREICH
Division natürlicher Zahlen

SPIELFORM
Kartenspiel für drei Personen

MATERIAL
Pro Gruppe drei Ergebnisfelder und 48 Aufgabenkarten (Vorlage 3)

SPIELVERLAUF
Jeder Spieler erhält ein Ergebnisfeld. Die Aufgabenkarten liegen verdeckt auf dem Tisch. Der erste Spieler deckt eine Aufgabenkarte auf. Paßt das Ergebnis der Aufgabe auf das eigene Feld, so legt er die Karte auf ihren Platz im Feld, andernfalls gibt er sie einem seiner beiden Mitspieler; für welchen der beiden er sich entscheidet, liegt in seinem Ermessen und macht die Spannung dieses Spiels aus. (Jedes Ergebnis ist auf zwei Karten zu finden.) Anschließend ist der nächste Spieler an der Reihe. Wer sein Ergebnisfeld als erster voll ausgelegt hat, ist Sieger.

VARIANTEN
Jeder Spieler erhält 4 bis 7 Spielmarken (Streichhölzer o. ä.). Die Aufgabenkarten werden der Reihe nach aufgedeckt. Kann ein Spieler eine Aufgabenkarte für sein Feld brauchen, so sagt er schnell ‚schnapp'. Wer zuerst ‚schnapp' gesagt hat, darf die Karte gegen eine Spielmarke eintauschen. Das Ziel des Spiels besteht darin, vier Karten in einer Reihe oder in einer Spalte zu bekommen. (Je weniger Spielmarken zu Spielbeginn ausgegeben werden, um so genauer müssen die Spieler rechnen um keine Spielmarken für unbrauchbare Karten zu opfern.)

LERNZIELE
— Dividieren im Bereich der natürlichen Zahlen
— Schnell und fehlerlos ‚im Kopf' dividieren

Höchstens dreizehn

THEMENBEREICH
Subtraktion natürlicher Zahlen

SPIELFORM
Gruppenspiel für 3 bis 4 Personen

MATERIAL
Pro Spieler ein Zettel

SPIELVERLAUF
Die Spieler sitzen im Kreis. Jeder Spieler hat einen Zettel, auf den er links oben eine beliebige natürliche Zahl zwischen 1 und 100 schreibt. Nun ergänzt er die Zahl zu 100 und schreibt die Ergänzung rechts daneben. Anschließend gibt er den Zettel an seinen rechten Nachbarn weiter. Dieser berechnet die Differenz der beiden Zahlen des vor ihm liegenden Zettels, schreibt sie in die zweite Zeile, ergänzt wieder zu 100 und gibt den Zettel weiter usw. Nach spätestens dreizehn Schritten tritt ein Zahlenpaar auf, welches schon auf dem gleichen Zettel weiter oben steht. Wer ein solches Zahlenpaar aufschreibt, darf ausscheiden; wer als letzter übrigbleibt, hat verloren.

VARIANTEN
Ergänzt man nicht zu 100, sondern zu 64 oder zu 128, so treten spätestens in der 6. bzw. 7. Zeile zwei gleiche Zahlen auf. Wer diese Zahlen aufschreibt, darf ausscheiden.

LERNZIELE
Subtraktion natürlicher Zahlen im Bereich von 1 bis 100

Schieber

THEMENBEREICH
Rechenregeln für Zahlenterme

SPIELFORM
Spiel für drei bis vier Spieler oder Folienspiel für drei bis vier Mannschaften

MATERIAL
Pro Gruppe ein Zahlenplan (Vorlage 7C) und einer der zwei Folienschieber (Vorlage 7A, 7B)

SPIELVERLAUF
Jeder Spieler bekommt eine Zeile auf dem Schieber. Zu Spielbeginn wird der Schieber so in die linke obere Ecke des Spielfeldes gelegt, daß 4 Terme entstehen. Die Spieler rechnen ihre Punkte aus. Der Rundenverlierer darf den Schieber nach Belieben einen Schritt nach rechts oder nach unten schieben. Das Spiel ist zu Ende, wenn der Spieler in der rechten unteren Ecke angelangt ist. Gewonnen hat der Spieler, der die meisten Punkte erlangt hat.

VARIANTEN
a) Die Spannung wird größer, wenn jeder Spieler versucht, eine Figur aus vier Strichen (z. B. ☺) zu zeichnen, wobei jeweils der Rundengewinner einen Strich zu seiner Figur beiträgt. Sieger ist derjenige, dessen Figur zuerst fertig ist.

b) Spielanfang und Schieberregel können nach Belieben variiert werden.

LERNZIELE
— Berechnen von Termen aus natürlichen Zahlen unter Berücksichtigung der Klammerregeln
— Berechnen von gemischten Termen in $\mathbb{N}$ („Punkt vor Strich')

Würfelzahlenquadrat

THEMENBEREICH
Addition und Multiplikation natürlicher Zahlen

SPIELFORM
Würfelspiel für zwei Personen

MATERIAL
Pro Gruppe zwei Würfel, Schreibmaterial

SPIELVERLAUF
Jeder Spieler zeichnet sich ein Quadrat mit vier Feldern auf. Es wird abwechselnd mit beiden Würfeln gewürfelt. Die Spieler bilden das Produkt der beiden Augenzahlen und setzen das Ergebnis in ein beliebiges freies Feld ihres Quadrates ein. Anschließend berechnen beide den Wert ihres Quadrates, indem sie die beiden Zeilensummen, die beiden Spaltensummen und die Hauptdiagonalsumme addieren.

Beispiel:
Wert: 26 + 25 + 35 + 16 + 30 = 132

20	6
15	10

GEWINNSTRATEGIE
Wegen der Berechnungsvorschrift für den Wert des Quadrates ist es natürlich günstig, in die Hauptdiagonale möglichst große Zahlen zu setzen.

LERNZIELE
— Addition und Multiplikation natürlicher Zahlen
— Schlußfolgerndes Denken

LITERATUR
Spiegel, Hartmut: Das „Würfelzahlenquadrat" - Ein Problem für arithmetische und kombinatorische Aktivitäten im Grundschulunterricht. DdM4 (1978), S. 296 - 306.

Überschlag-Slalom

THEMENBEREICH
Überschlagrechnungen zu Grundrechenaufgaben

SPIELFORM
Wettspiel für die ganze Klasse

MATERIAL
Pro Spieler ein Arbeitsbogen (Vorlage 9)

SPIELVERLAUF
Jeder Spieler erhält einen Arbeitsbogen, der zu-

nächst verkehrt herum vor ihm liegt. Auf ‚los' geht es dann los. Die Spieler ermitteln durch Überschlagrechnungen das richtige Ergebnis zu jeder Aufgabe und unterstreichen dieses. Das Ziel des Spiels besteht darin, alle Aufgabentore möglichst richtig und möglichst schnell zu durchfahren. Auf der Tafel ist eine Liste vorbereitet, die z. B. bei 25 Spielern die Rangnummern 25; 24; 23; . . . 1 enthält. Wer am Ziel angekommen ist, trägt seinen Namen in den obersten freien Platz der Liste ein. Sind alle Spieler am Ziel, so wird nach Vertauschen der Arbeitsbögen die Anzahl der richtigen Aufgaben ermittelt und oben eingetragen. Richtig ist immer das Ergebnis, welches auf der zweiten Stelle von vorn eine ungerade Ziffer hat. Für jeden Spieler wird nun die Punktzahl nach folgender Regel berechnet: Punktzahl = Rangnummer + 2 · Anzahl der richtigen Aufgaben. Das Spiel dauert etwa 45 Minuten. Bei der Auswertung zeigt sich meist, daß die schnellsten Rechner viele Fehler machen und dadurch trotz hoher Rangnummer nur mittlere Punktzahlen erreichen.

LERNZIELE
Durch Überschlagrechnung das Ergebnis von Grundrechenaufgaben abschätzen

Modulo

THEMENBEREICH
Division natürlicher Zahlen

SPIELFORM
Würfelspiel für zwei bis drei Personen

MATERIAL
Pro Gruppe zwei Würfel, verschiedenfarbige Stifte

SPIELVERLAUF
Zu diesem Spiel braucht man ein Zahlenschema folgender Art:

```
0   1   2   3   4   5   6
0   1   2   3   4   5   6
0   1   2   3   4   5   6
```

Die Spieler würfeln reihum mit beiden Würfeln, multiplizieren die Augenzahlen und teilen das Ergebnis durch 7. Der ermittelte Siebenerrest wird im Zahlenschema eingekreist, sofern dort noch eine passende Zahl frei ist. Wer am Schluß die meisten Kreise hat, ist Sieger.
Zusatzregel: Bei Pasch (zwei gleiche Augenzahlen) darf nochmal gewürfelt werden.

VARIANTEN
Die Augenzahlen von drei Würfeln werden multipliziert, das Ergebnis wird durch 13 geteilt. Das Zahlenschema enthält nicht alle möglichen Reste, sodaß auch ‚Nieten' unter den Würfen vorkommen.

LERNZIELE
Einfache Divisionsaufgaben in $\mathbb{N}$ durch Kopfrechnen lösen und Reste ermitteln

Würfelkippen

THEMENBEREICH
Addition und Multiplikation natürlicher Zahlen

SPIELFORM
Strategiespiel für zwei Personen

MATERIAL
Pro Gruppe ein Würfel, Schreibmaterial

SPIELVERLAUF
Spieler 1 würfelt eine Zahl, beispielsweise 5. Spieler

2 kippt den Würfel nun über eine der 4 aufliegenden Kanten, sodaß eine der Zahlen 1; 3; 4 oder 6 oben zu liegen kommt, und addiert diese Zahl zur vorherigen. Spieler 1 kippt wieder über eine der Kanten und addiert usw. Wer die Zahl 30 überschreitet, hat gewonnen.

VARIANTEN
a) Wer die Zahl 30 trifft, hat gewonnen. Wer sie überschreitet, hat verloren.
b) Die Augenzahlen werden multipliziert. Sieger ist derjenige, der die Zahl 1000 überschreitet.

GEWINNSTRATEGIE
Strategische Überlegungen kommen im allgemeinen erst gegen Ende des Spiels zum Tragen, wenn die weiteren Möglichkeiten des Spielverlaufs überschaubar sind.

LERNZIELE
— Addieren und Multiplizieren natürlicher Zahlen
— Schlußfolgerndes Denken

Von 1 bis 100 000

THEMENBEREICH
Multiplikation natürlicher Zahlen

SPIELFORM
Strategisches Spiel für zwei Personen

MATERIAL
Schreibmaterial

SPIELVERLAUF
Spieler 1 multipliziert die Zahl 1 mit einer beliebigen Zahl zwischen 2 und 9, Spieler 2 multipliziert das Ergebnis wieder mit einer Zahl zwischen 2 und 9 usw. Gewonnen hat derjenige, der mit seiner Multiplikation die Zahl 100 000 überschreitet.
Wer nicht am Zug ist, kontrolliert seinen Partner durch Mitrechnen. Verrechnet sich dieser, so erhält er einen Minuspunkt. Bei drei Minuspunkten hat man verloren.

GEWINNSTRATEGIE
Überläßt man dem Gegner ein Ergebnis aus einem der ‚Verlustintervalle‘ [18 , 34] [309 , 616] [5556 , 11111] so gelingt es beim nächsten Zug immer, eine Zahl aus dem folgenden Verlustintervall zu erreichen und schließlich die 100 000 zu überschreiten.
Der Grund dafür wird ersichtlich, wenn man das Spiel vom Ende her analysiert. Überlasse ich dem Gegner eine Zahl zwischen 5 556 und 11 111, so kann er selbst bei Multiplikation mit 9 die 100 000 noch nicht erreichen; aber schon bei Multiplikation mit 2 erhält er eine Zahl, die größer als 11 111 ist, sodaß ich beim nächsten Zug 100 000 überschreiten kann. Entsprechende Überlegungen führen auf die beiden anderen Intervalle.

LERNZIELE
— Schriftliche Multiplikation natürlicher Zahlen
— Schlußfolgerndes Denken

Karo

THEMENBEREICH
Symmetrie, Kongruenz

SPIELFORM
Strategisches Zwei-Personen-Spiel

MATERIAL
Kariertes Papier und Schreibzeug

SPIELVERLAUF
Zur Vorbereitung wird das Spielfeld, ein Rechteck mit 5 cm und 10 cm langen Seiten (10 und 20 Karos lang) aufgezeichnet. Die Spieler ziehen abwechselnd. Ein Zug von ‚Karo-3' besteht darin, in beliebiger Lage einen Streckenzug einzuzeichnen, indem man drei aneinander hängende Karoseiten nachzieht. Dabei dürfen die Figuren weder den Rand noch andere schon eingezeichnete Figuren berühren. Wer als erster keine Figur mehr einzeichnen kann, hat verloren.

GEWINNSTRATEGIE
Wie man leicht feststellt, sind bei ‚Karo-3' 18 Figuren möglich, von denen 4 nicht kongruent sind (Abb. 17). Falls eine Strecke des Spielfeldes eine gerade, die andere ein ungerades Vielfaches einer Karolänge beträgt, hat der beginnende Spieler die Möglichkeit, sicher zu gewinnen, indem er in die Mitte des Spielfeldes eine punktsymmetrische Figur ⌐ zeichnet und anschließend die Züge des Gegners stets punktsymmetrisch ergänzt. Sind beide Seitenlängen ungerade, so beginnt Spieler 1 mit ⊏ in der Mitte des Spielfeldes.

VARIANTEN
Bei der Variante ‚Karo-4', in der jeder Streckenzug 4 Karolängen umfaßt, hat der beginnende Spieler eine entsprechende Gewinnstrategie zur Verfügung, wenn beide Spielfeldseiten gerade bzw. beide ungerade Vielfache einer Karolänge darstellen. Läßt man zu, daß die Figuren sich gegenseitig berühren dürfen, so verlangt die Gewinnstrategie mehr Konzentration, da die einzelnen Figuren nicht mehr voneinander abgehoben sind. Bei dieser Variante hat in ‚Karo-2' mit ungeraden Seitenlängen der zweite Spieler die Möglichkeit, die Züge des ersten symmetrisch zu ergänzen und so zu gewinnen.
Bei ‚Karo-4' können 51 Figuren entstehen, die sich auf 10 Kongruenzklassen verteilen (Abb. 18). Diese enthalten 1; 2; 4 oder 8 Figuren.

Abb. 17 Die 18 möglichen Figuren bei ‚Karo-3'

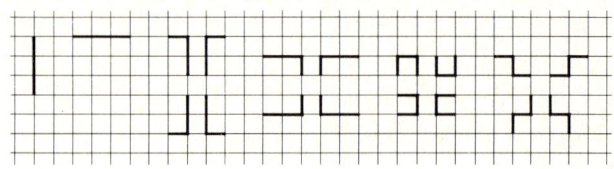

Abb. 18 Die 10 möglichen nichtkongruenten Figuren bei ‚Karo-4'

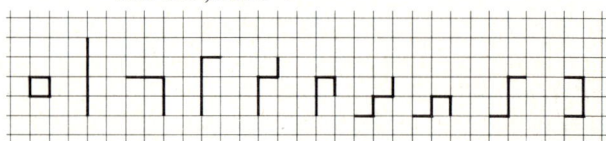

LERNZIELE
— Die Punktsymmetrie geometrischer Figuren erkennen
— Figuren so ergänzen, daß sie punktsymmetrisch werden
— Die Kongruenz geometrischer Figuren erkennen und diese in Kongruenzklassen zusammenfassen
— Symmetrieeigenschaften von Figuren zur Mächtigkeit ihrer Kongruenzklassen in Beziehung setzen

LITERATUR
Lichtenberger, J.: Einige Spiele für den Geometrieunterricht in den Klassen 5 bis 7, MNU, 35. Jg., Heft 5, (1982)

Symmetrix

THEMENBEREICH
Bestimmung des Mittelpunktes einer Strecke, Symmetrie

SPIELFORM
Strategisches Spiel für zwei Personen

MATERIAL
Schreibmaterial, Geodreiecke, Zirkel

SPIELVERLAUF
Zur Vorbereitung werden die 4 Eckpunkte eines Quadrates mit etwa 10 cm Seitenlänge gezeichnet.

Ein Spieler beginnt, indem er zwei der Punkte durch eine Gerade miteinander verbindet und in die Mitte der nun entstandenen Strecke entweder einen Punkt oder einen kleinen Kreis zeichnet. Der zweite Spieler verbindet wieder zwei der Punkte (oder einen Punkt und den Kreis) miteinander und zeichnet in die Mitte seiner Strecke wieder einen Punkt oder einen Kreis. So geht das Spiel Zug um Zug weiter, wobei stets drei Regeln zu beachten sich:
a) Zwei Strecken dürfen sich nie schneiden.
b) Von jedem Punkt dürfen höchstens drei Strecken ausgehen.
c) Von jedem Kreis dürfen höchstens vier Strecken ausgehen.

Wer keine Verbindungslinie mehr einzeichnen kann, hat verloren.

GEWINNSTRATEGIE
Spieler 1 hat eine einfache Gewinnstrategie zur Verfügung: er beginnt mir der Diagonalen, in deren Mitte er einen Kreis setzt, und zeichnet anschließend stets das Spiegelbild des jeweiligen gegenerischen Zuges bezüglich der Diagonalen als Spiegelachse.

VARIANTEN
Man beginnt mit der Figur wie in Abb. 19

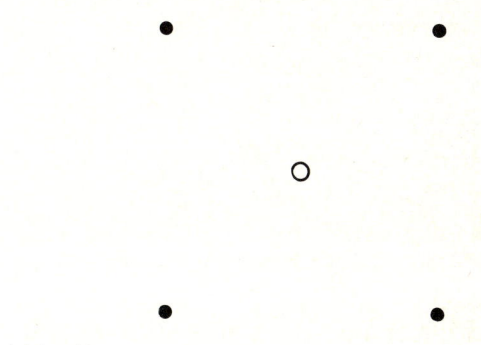

Abb. 19

GEWINNSTRATEGIE
Spieler 2 gewinnt, indem er die Züge des Gegners stets punktsymmetrisch zum Mittelpunkt der Figur ergänzt.

LERNZIELE
— Die Achsen- bzw. Punktsymmetrie geometrischer Figuren erkennen
— Geometrische Figuren so ergänzen, daß sie achsen- bzw. punktsymmetrisch werden.

LITERATUR
Lichtenberger, J.: Einige Spiele für den Geometrieunterricht in der Klasse 5 bis 7, MNU, 35. Jg., Heft 5, (1982)

Das Wagenrad

THEMENBEREICH
Symmetrie

SPIELFORM
Strategisches Spiel für zwei Personen

MATERIAL
Pro Gruppe 20 bis 30 Streichhölzer

SPIELVERLAUF
Die Streichhölzer werden so im Kreis angeordnet, daß ihre Köpfe zum Mittelpunkt zeigen. Die beiden Spieler nehmen nun abwechselnd ein oder zwei unmittelbar benachbarte Streichhölzer weg, Sieger ist derjenige, der das letzte Streichholz wegnimmt.

GEWINNSTRATEGIE
Spieler 2 gewinnt, indem er eine achsensymmetrische Anordnung herstellt und anschließend die Züge des Gegeners achsen- oder punktsymmetrisch ergänzt

LERNZIELE
— Die Achsen- oder Punktsymmetrie einer Anordnung von Streichhölzern erkennen
— Eine geeignete Anordnung von Streichhölzern so verändern, daß sie punkt- oder achsensymmetrisch bleibt

Nürburgring

THEMENBEREICH
Verschiebung, Strecken und Winkel

SPIELFORM
Spiel für zwei bis drei Personen

MATERIAL
kariertes Papier, verschiedenfarbige Stifte

SPIELVERLAUF
Auf kariertes Papier zeichnen die Spieler etwa in der Größe einer halben DIN A 4 Seite den ‚Nürburgring' (siehe Abb. 20). Die Breite sollte etwa 4 bis 7 Karos betragen und außerhalb der Fahrbahn sollte noch ein Rand von etwa 6 Karos Breite stehen.
Jeder Spieler fährt in einer Folge von Pfeilen vom Start zum Ziel. Die Pfeile werden abwechselnd gezeichnet und müssen folgenden Regeln genügen:
1. Die Startpfeile beginnen im Startpunkt, weitere Pfeile stets an der Spitze des vorigen eigenen Pfeils.
2. Die Spitze jedes Pfeils liegt auf einem Schnittpunkt von Karolinien.
3. Die Fahrer können nicht beliebig beschleunigen oder bremsen. Ein Pfeil darf sich in den Richtungen oben-unten und links-rechts von seinem Vorgänger nur um jeweils eine Karolänge unterscheiden.
Beispiel: ein Pfeil, der 5 Karos nach oben und 2 Karos nach rechts verläuft, darf gefolgt werden von einem Pfeil, der 4; 5 oder 6 Karos nach oben und 1; 2 oder 3 Karos nach rechts führt.
4. Wer auf Grund der Regel 3 aus der Bahn getragen wird, muß in Schritten von einer Karolänge zur Bahn zurück und kann dann erst wieder gemäß Regel 3 beschleunigen.

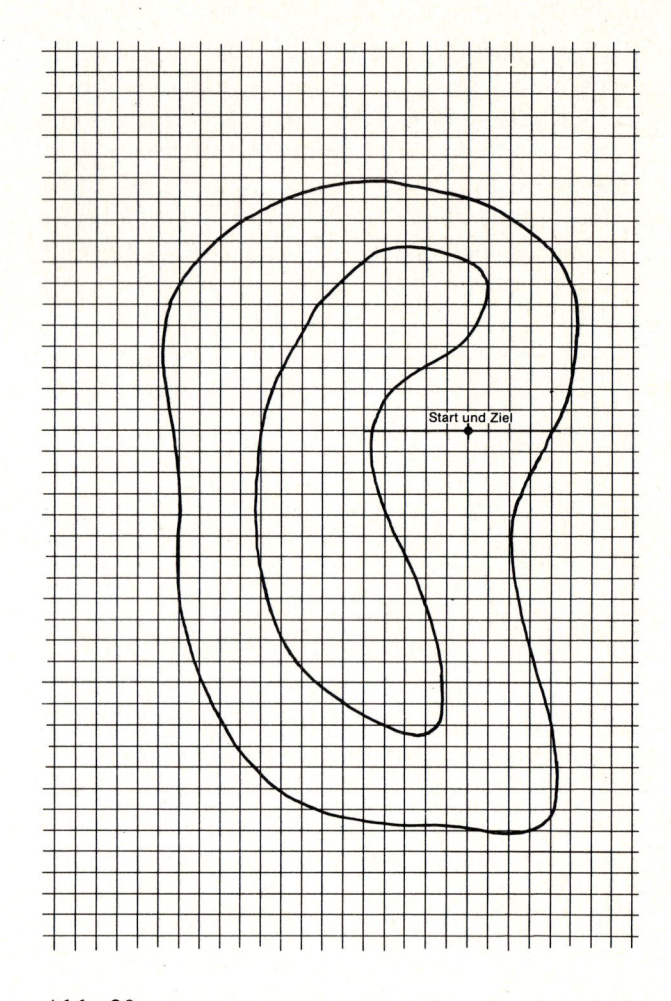

Abb. 20

LERNZIELE
— Verschiebungspfeilen Zahlenpaare zuordnen und umgekehrt
— Schätzen von Strecken und Winkeln

Das Zirkelspiel

THEMENBEREICH
Umgang mit dem Zirkel, Punktsymmetrie

SPIELFORM
Strategisches Spiel für zwei Personen

MATERIAL
Kariertes Papier, Zirkel

SPIELVERLAUF
Auf kariertes Papier wird ein Spielfeld von 15x20 cm Größe gezeichnet. Die beiden Spieler zeichnen abwechselnd Kreise ein, deren Mittelpunkte auf Schnittpunkten von Karolinien liegen müssen und deren Radien mindestens 1 cm, ansonsten aber beliebig groß sein können. Die Kreise dürfen den Spielfeldrand und andere Kreise nicht berühren.

Wer den letzten Kreis einzeichnen kann, hat gewonnen.

GEWINNSTRATEGIE
Spieler 1 gewinnt, indem er mit einen Kreis um den Mittelpunkt beginnt und anschließend die Züge des Gegners punktsymmetrisch ergänzt.

LERNZIELE
Eine geeignete Figur punktsymmetrisch ergänzen

LITERATUR
Lichtenberger, J.: Einige Spiele für den Geometrieunterricht in den Klassen 5 bis 7, MNU, 35. Jg., Heft 5, (1982)

Kongruix

THEMENBEREICH
Bestimmung des Mittelpunktes einer Strecke, Kongruenz

SPIELFORM
Strategisches Spiel für zwei Personen

MATERIAL
Schreibmaterial, Geodreiecke, Zirkel

SPIELVERLAUF
Zur Vorbereitung werden die drei Eckpunkte eines gleichseitigen Dreiecks mit etwa 10 cm Seitenlänge gezeichnet. Ein Spieler beginnt, indem er zwei der drei Punkte durch eine gerade Linie miteinander verbindet und den Mittelpunkt als zusätzlichen Punkt konstruiert. Der zweite Spieler verbindet nun wieder zwei der (inzwischen vier) Punkte miteinander und trägt den Mittelpunkt ein. So geht das Spiel Zug um Zug weiter, wobei stets zwei Regeln zu beachten sind:
a) Zwei Linien dürfen sich nie schneiden.
b) Von jedem Punkt dürfen höchstens drei Linien ausgehen.

Wer als erster nicht mehr ziehen kann, hat verloren.

GEWINNSTRATEGIE
Wie aus dem Spielbaum (Abb. 22) hervorgeht, endet das Spiel nach 5; 6 oder 7 Zügen. Spieler 2 kann gewinnen, indem er Figur a in Abb. 21 herstellt und Figur b vermeidet.

LERNZIELE
— 2 Punkte durch eine Strecke miteinander verbinden (sauberes und genaues Zeichnen)
— Den Mittelpunkt einer Strecke durch Abmessen oder durch Konstruieren mit dem Zirkel ermitteln
— Die Kongruenz gespiegelter oder gedrehter geometrischer Figuren erkennen und diese in Kongruenzklassen zusammenfassen
— Die Kongruenz von Figuren zur Vereinfachung eines Spielbaums verwenden
— Symmetrieeigenschaften von Figuren zur Mächtigkeit von Kongruenzklassen in Beziehung setzen

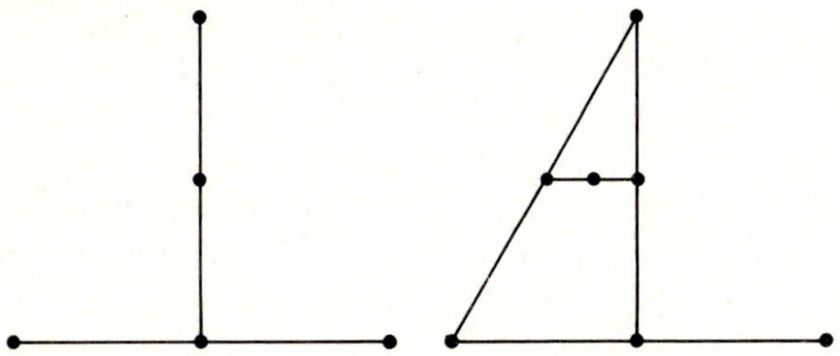

UNTERRICHTSPRAKTISCHE HINWEISE
Bei der Analyse des Spiel erkennen die Schüler i. A. recht schnell, daß für den weiteren Spielverlauf nicht die Lage der Figuren, sondern nur ihre Form wesentlich ist. An dieser Stelle bietet sich die Einführung des Kongruenzbegriffes an, durch den die 6 Figuren nach dem zweiten Zug auf zwei reduziert werden. Zur Festigung des Kongruenzbegriffs werden dann die 16 möglichen Figuren nach dem 3. Zug auf 4 nicht kongruente zurückgeführt.
Interessant ist auch die Frage, warum von diesen 4 Kongruenzklassen eine nur eine Figur enthält, andere 3 oder 6 Figuren.

LITERATUR
Lichtenberger, Jochim: Einige Spiele für den Geometrieunterricht in den Klassen 5 bis 7, in MNU (1982), 35. Jg., Heft 5, S. 281 - 283

Abb. 21

Figur a   Figur b

Sp.1

Sp.2

Sp.1

Sp.2

Sp.1

Sp.2

Sp.1

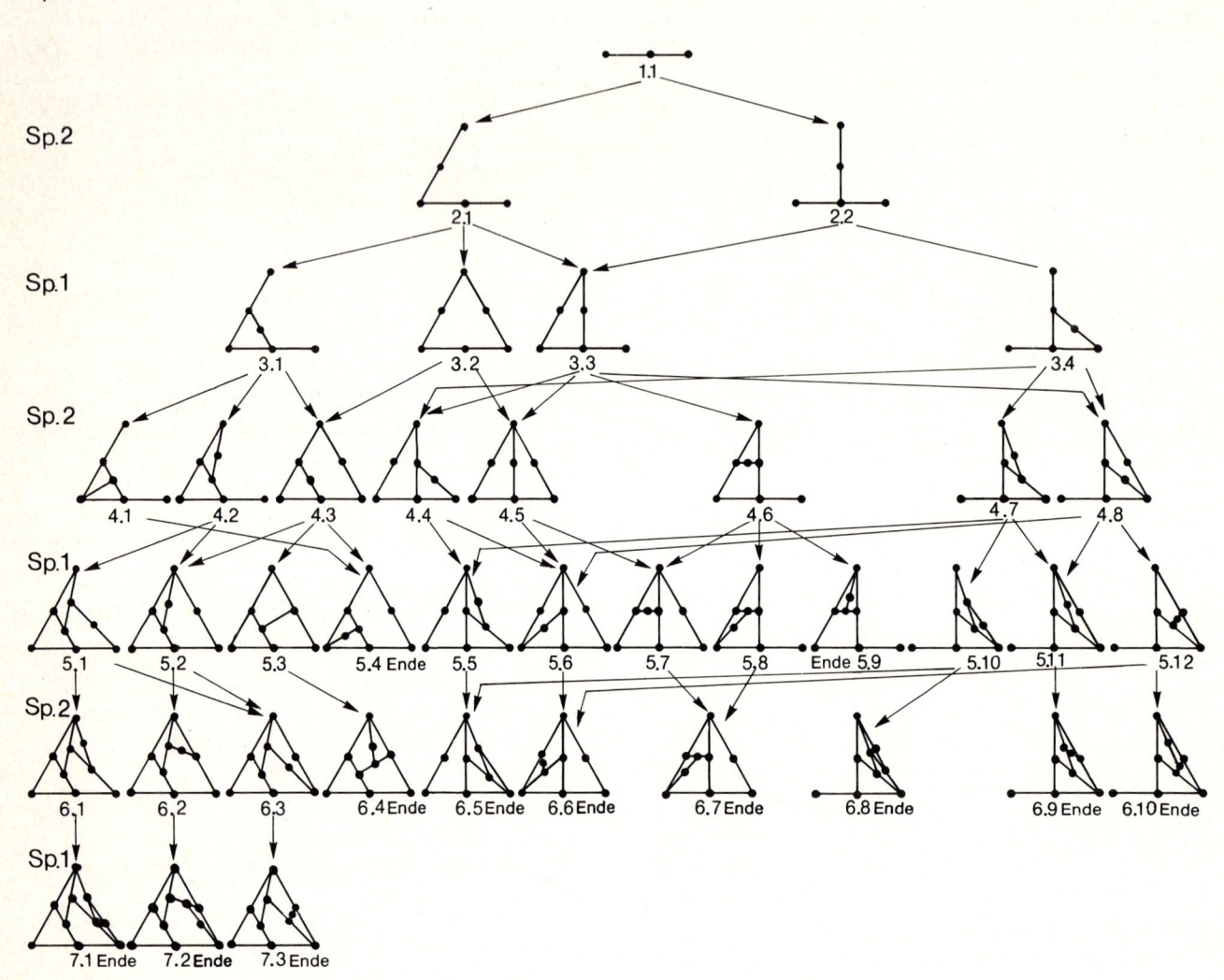

Abb. 22

Käsekästchen

THEMENBEREICH
Rechteckflächen, Punktsymmetrie

SPIELFORM
Strategisches Zwei-Personen-Spiel

MATERIAL
Kariertes Papier, Schreibzeug

SPIELVERLAUF
Als Spielfeld dient ein Rechteck mit Seitenlängen von 5 bis 10 Karos. Abwechselnd ziehen die Spieler je eine Seite eines ‚Käsekästchens' (Karos) nach. Sind schon drei Randlinien eines Käsekästchens nachgezogen, so kann ein Spieler diesen Käse durch Nachziehen der vierten Randlinie in seinen Besitz bringen. Er markiert ihn (etwa mit einem Punkt oder einem Kreuz). Sind durch diesen Zug noch weitere Karos an drei Stellen umrandet, so kann er auch diese in Besitz nehmen. Erst wenn kein Käse mehr einnehmbar ist, kommt der nächste Spieler an die Reihe. Wer die meisten Käsekästchen hat siegt.

VARIANTEN
Ein Spieler, der einen oder mehrere Käse eingenommen hat, muß anschließend noch einmal ziehen.

GEWINNSTRATEGIE
Sind beide Rechteckseiten gerade oder ungerade Vielfache einer Karolänge, so führt für Spieler 2 im allgemeinen eine punktsymmetrische Strategie zum Gewinn, die er erst aufgibt, wenn nur noch ein, zwei oder drei Bereiche übrig sind, in denen jeder weitere Strich zum Verlust führt. Spieler 1 kann diese Strategie allerdings unterlaufen, indem er sich durch geschickte Züge selbst in die Lage bringt, als Nachfolger zu ziehen und damit die symmetrische Strategie zu übernehmen.

LERNZIELE
— Den Flächeninhalt von rechtwinkeligen Figuren durch Auszählen der Karos bestimmen
— Geeignete Figuren punktsymmetrisch ergänzen
— Schlußfolgerndes Denken

Gobang

THEMENBEREICH
Punkte und Geraden

SPIELFORM
Strategiespiel für zwei Personen

MATERIAL
Kariertes Papier, 2 verschiedenfarbige Stifte

SPIELVERLAUF
Das Spielfeld besteht aus einem Quadrat mit etwa 10 Karos Seitenlänge. Die beiden Spieler zeichnen abwechselnd kleine Kreuze auf die Schnittpunkte der Karolinien. Gewonnen hat derjenige, dem es gelingt, als erster 5 seiner Kreuze so zu setzen, daß sie direkt hintereinander auf einer Geraden liegen. Die Gerade darf dabei waagerecht, senkrecht oder schräg verlaufen.

LERNZIELE
— Erkennen, ob mehrere Punkte auf einer Geraden liegen
— Schlußfolgerndes Denken

Strich-Punkt

THEMENBEREICH
Punkte und Strecken, Symmetrie

SPIELFORM
Strategisches Zwei-Personen-Spiel

MATERIAL
Kariertes Papier, Schreibzeug, Lineale

SPIELVERLAUF
Als Spielfeld dient ein 4 x 4 Punkteraster (Abb. 23).

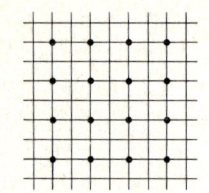

Abb. 23

Die beiden Spieler zeichnen abwechselnd die Verbindungsstrecken zu zwei beliebigen Punkten ein. Es dürfen als Endpunkte allerdings nur freie Punkte verwendet werden, Punkte also, zu denen oder durch die noch keine Strecke führt. Sieger ist derjenige, der den letzten Zug machen kann.

VARIANTEN
a) Verbindungsstrecken dürfen sich nicht schneiden.
b) Keine Linie darf durch die Figurenmitte laufen.
c) Natürlich kann man auch andere Punkteraster, z. B. rechteckige oder dreieckige, verwenden.

GEWINNSTRATEGIE
Es gewinnt derjenige Spieler, der seinem Partner eine Anordnung aus 4 oder 5 Punkten überläßt, die nur noch zwei Züge gestattet, d. h. eine Anordnung, bei nicht mehr als 2 bzw. 3 Punkte auf einer Geraden liegen. Spieler 2 kann eine solche Anordnung sicher erreichen, indem er darauf achtet, daß nach seinem ersten Zug 10 Punkte übrigbleiben.
In Variante a) gewinnt Spieler 1, wenn er die Diagonale der Figur zeichnet und anschließend die Züge seines Mitspielers achsensymmetrisch oder punktsymmetrisch ergänzt.
Spieler 2 gewinnt in Variante b) durch punktsymmetrische Ergänzung der gegnerischen Züge. Symmetriezentrum ist dabei die Figurenmitte.

LERNZIELE
— Verbindungsstrecken zwischen 2 Punkten sauber zeichnen
— Geeignete Figuren achsen- oder punktsymmetrisch ergänzen
— Schlußfolgerndes Denken

Der Quadrat-Müller

THEMENBEREICH
Vierecke

SPIELFORM
Strategisches Spiel für zwei Personen

MATERIAL
Pro Gruppe ein Spielplan (Vorlage 10), verschiedenfarbige Stifte

SPIELVERLAUF
Abwechselnd zeichnen die Spieler kleine Kreise um die Knoten- oder Eckpunkte der Spielfigur. Das Ziel besteht darin, die vier Eckpunkte von Vierecken mit eigenen Kreisen zu besetzen. Hat ein Spieler ein Viereck besetzt, so darf er eine bestimmte Anzahl von gegnerischen Kreisen wegstreichen, und zwar

— bei einem Quadrat drei Kreise,
— bei einem Rechteck oder einer Raute zwei Kreise
— und bei einem Parallelogramm einen Kreis.

Durchgestrichene Kreise zählen nicht mehr als Eckpunkte. Das Spiel ist zu Ende, wenn keine weiteren Vierecke mehr besetzt werden können. Sieger ist derjenige, der die meisten nicht durchgestrichenen Kreise hat.
Steckt man den Spielplan in eine Klarsichthülle, so läßt er sich nicht nur einmal verwenden, da die Kreise dann wieder weggewischt werden können.

LERNZIELE
Unterscheidung von Quadrat, Rechteck, Raute und Parallelogramm

ZUSATZFRAGEN
Wieviele Quadrate (Rechtecke, Parallelogramme, Rauten) enthält die Figur?

Das Würfelnetzspiel

THEMENBEREICH
Würfelnetze

SPIELFORM
Strategisches Spiel für zwei Personen

MATERIAL
Pro Gruppe 6 quadratische Pappstücke von etwa 3 x 3 cm Größe

SPIELVERLAUF
Spieler 1 beginnt, indem er ein Quadrat auf den Tisch legt, Spieler 2 fügt ein zweites Quadrat daran, Spieler 1 ein drittes usw., sodaß nach 6 Zügen eine fest zusammenhängende Figur aus 6 Quadraten entstanden ist. (Beim Anlegen ist darauf zu achten, daß jedes Quadrat mit mindestens einer Kante an einem anderen Quadrat liegt.) Das Ziel des Spiels besteht darin, ein Würfelnetz herzustellen. Liegt nach dem 6. Zug noch kein Würfelnetz vor, so dürfen die Spieler abwechselnd je ein Quadrat aus der Figur entfernen und an anderer Stelle wieder anfügen. Dabei müssen folgende Regeln beachtet werden:
1. Auch nach dem Umlegen muß jedes Quadrat mit mindestens einer Kante an ein anderes Quadrat grenzen.
2. Man darf den vorigen Zug des Gegners nicht rückgängig machen und keine zur vorigen Figur deckungsgleiche Figur herstellen (sonst würde das Spiel möglicherweise nie enden).

Wer ein Würfelnetz hergestellt hat, gewinnt.

GEWINNSTRATEGIE
Eine Analyse des Spielverlaufs läßt erkennen, daß Spieler 1 sicher gewinnen kann: stellt er in seinem ersten Zug die Figur a) her, so kann er in seinem zweiten Zug immer Figur b) erreichen. Aus dieser Figur kann Spieler 2 durch Anlegen noch kein Würfelnetz erzeugen. Spieler 1 kommt dann mit seiner ersten Verschiebung zum Ziel, es sei denn, Spieler 2 hat Figur c) erzeugt. In diesem Fall verschiebt Spieler 1 zu Figur d) und gewinnt dann nach dem nächsten Zug von Spieler 2.

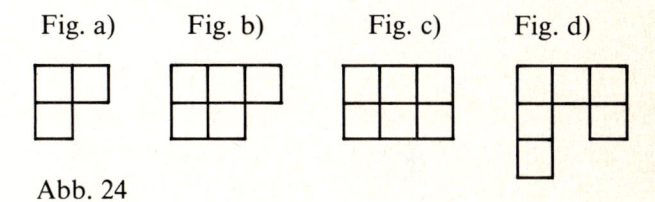

Fig. a)   Fig. b)   Fig. c)   Fig. d)

Abb. 24

LERNZIELE
— Durch Aneinanderlegen von 6 Quadraten verschiedene Würfelnetze erzeugen bzw. erkennen, ob ein vorliegendes Netz ein Würfelnetz darstellt.
— Schlußfolgerndes Denken

Flächen färben

THEMENBEREICH
Flächen

SPIELFORM
Strategisches Zwei-Personen-Spiel

MATERIAL
Papier, 2 verschiedenfarbige Stifte

SPIELVERLAUF
Das Spielfeld ist ca. 15 x 10 cm groß und wird durch Geraden in 15 bis 25 Flächen unterteilt. Abwechselnd färben die beiden Spieler je eine Fläche in ihrer Farbe ein. Dabei ist darauf zu achten, daß aneinander grenzende Flächen nie gleiche Farbe bekommen. (Flächen, die nur in einem Punkt aneinanderstoßen, dürfen gleich eingefärbt werden.) Wer zuerst keine weiteren Flächen mehr einfärben kann, hat verloren.

LERNZIELE
— Spielerischer Umgang mit Flächen
— Schlußfolgerndes Denken

Dreiecke numerieren

THEMENBEREICH
Dreiecke

SPIELFORM
Strategisches Zwei-Personen-Spiel

MATERIAL
Papier und Schreibzeug

SPIELVERLAUF
Ein Dreieck, dessen Ecken mit den Ziffern 1; 2; und 3 numeriert sind, wird in irgendeiner Weise in Teildreiecke zerlegt (Abb. 25).

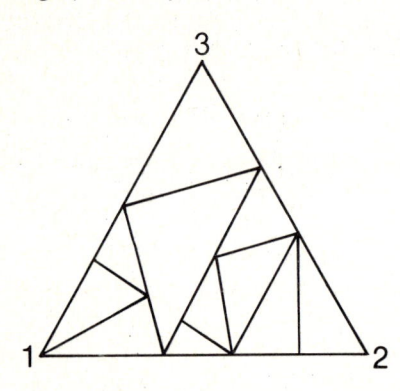

Abb. 25

Die beiden Spieler numerieren nun abwechselnd eine noch nicht benannte Ecke der Teildreiecke, wobei folgende Regeln zu beachten sind:
1. Liegt die gewählte Ecke auf einer der drei Außenkanten der Figur, so darf sie nur eine der beiden Zahlen an den Endpunkten dieser Kante bekommen.
2. Die Ecken im Inneren der Figur können mit 1; 2 oder 3 benannt werden.

Verloren hat der Spieler, der als erster eine Ecke so benennt, daß ein Teildreieck dadurch drei verschiedene Ecken 1; 2 und 3 bekommt.

GEWINNSTRATEGIE
Wegen des Spernerschen Lemmas gibt es immer einen Verlierer. Eine Gewinnstrategie ist nicht bekannt.

LERNZIELE
— Spielerischer Umgang mit Dreiecken
— Vorausschauendes Denken

LITERATUR
Schrage, G.: Ein topologisches Spiel zum Sperner-Lemma, PM 14 (1972)

Drei Spatzen

THEMENBEREICH
Koordinatensystem, Verschiebungen

SPIELFORM
Würfelspiel für zwei bis drei Spieler

MATERIAL
Pro Gruppe ein Spielfeld (Vorlage 11) und zwei unterscheidbare Würfel, pro Spieler 3 ‚Spatzen‘ (Halmasetzer, Knöpfe o. ä.)

SPIELVERLAUF
Bei Spielbeginn sitzen alle Spatzen außerhalb des Spielfeldes. Von dort aus fliegen sie reihum auf das ‚Leitungsnetz‘ und setzen sich auf einen Kreuzpunkt zweier Leitungen. Ihr Landeplatz wird durch die beiden Würfel bestimmt, wobei ein Würfel immer die waagerechte Richtung, der andere die senkrechte Richtung angibt und von der Mitte aus gezählt wird. Der Spatz kann sich für oben oder unten bzw. für rechts oder links entscheiden. Jeder Spieler versucht, seine Spatzen auf eine einzige waagerechte oder senkrechte Leitung zu setzen. Sind alle Spatzen im Spielfeld, so geben die Würfel an, wie sie von Leitung zu Leitung hüpfen; ein Würfel wieder links/rechts, der andere oben/unten.
3/5 bedeutet also: 3 Leitungen nach links oder rechts
                         5 Leitungen nach oben oder unten
Kommt ein Spatz auf den Platz eines gegnerischen Spatzes, so kann er diesen aus dem Spielfeld werfen. Sieger ist derjenige, dessen drei Spatzen zuerst auf einer Leitung sitzen.

LERNZIELE
— Zahlenpaaren Punkte im Gitternetz zuordnen
— Zahlenpaaren Verschiebungen im Gitternetz zuordnen

Koordi

THEMENBEREICH
Einführung des Koordinatensystems, Einführung des Relations- und Funktionsbegriffs

SPIELFORM
Würfelspiel für zwei Personen

MATERIAL
Pro Gruppe zwei Würfel, Schreibmaterial (zwei verschiedenfarbige Stifte)

SPIELVERLAUF
Zur Vorbereitung zeichnet ein Spieler den ersten Quadranten eines Koordinatensystems mit den Zahlen 1 bis 6 auf beiden Koordinatenachsen. Es wird abwechselnd gewürfelt. Jeder Spieler trägt sein Ergebnis als Punkt ein.
Beispiel:

                        ergibt wahlweise (1; 3) oder (3; 1).

Schon besetzte Punkte dürfen nicht nochmal besetzt werden. Wer als erster drei Punkte eingetragen hat, die auf einer Geraden liegen, hat gewonnen.

VARIANTEN
1. Sieger ist, wer als erster drei Punkte eingetragen hat, die auf einer Geraden durch den Punkt (3; 3) liegen.
2. Als Spielfeld dient ein vollständiges Koordinatensystem mit vier Quadranten. Die gewürfelten Augenzahlen können wahlweise mit positivem oder negativem Vorzeichen versehen und damit in einem beliebigen Quadranten eingetragen werden. Die drei Gewinnpunkte müssen auf einer Geraden durch (0; 0) oder durch (0; 1 usw.) liegen.

LERNZIELE
— Zahlenpaare als Punkte im Gitternetz eintragen
— Erkennen, ob 3 Punkte auf einer Geraden liegen
— Den Punkten einer Geraden Koordinaten zuordnen
— Den funktionalen Zusammenhang zwischen Zahlenpaaren erkennen, die auf einer Geraden liegen
— Den Schnittpunkt zweier Geraden ermitteln

UNTERRICHTSPRAKTISCHE HINWEISE
Das Spiel eignet sich gut zur Einführung in das

Thema ‚Lineare Funktionen'. Wenn die Schüler einige Durchgänge gespielt haben, sind sie meistens motiviert, Fragen folgender Art zu beantworten:

1. Mit welchen Würfen gewinnt man, wenn folgende Punkte schon eingetragen sind:

   a) (2; 1), (2; 4)   b) (2; 1), 3; 2)
   c) (2; 1), (4; 2)   d) (2; 1), (3; 3)?

   Kann man diese Fragen auch ohne Blick auf das Spielfeld beantworten?
2. Wie erkennt man sofort, ob zwei Zahlenpaare auf einer gemeinsamen Geraden durch (0; 0) liegen? (Quotientengleichheit)
3. Welche Würfe erzeugen gleich zwei Gewinngeraden auf einmal, wenn folgende Punkte schon eingetragen sind: (5; 3), (5; 6), (3; 4), (4; 3)?

Rechtecks-Quartett

THEMENBEREICH
Flächenberechnungen und Umfangsberechnungen am Rechteck

SPIELFORM
Kartenspiel für drei bis vier Personen

MATERIAL
Pro Gruppe 32 Spielkarten (Vorlagen 12)

SPIELVERLAUF
Die Karten werden gleichmäßig an die Spieler verteilt. Das Ziel des Spiels besteht darin, Quartette aus vier zusammengehörigen Karten zu bilden. Diese vier Karten enthalten jeweils zwei der vier Größen eines Rechtecks: Seitenlänge a, Seitenlänge b, Flächeninhalt A und Umfang U. Haben die Spieler ihre Karten geordnet und schon vorhandene Quartette offen abgelegt, so versuchen sie, fehlende Karten durch geschicktes Fragen zu bekommen. Eine mögliche Frage lautet etwa: „Hast Du die Karte mit a = 4 cm und dem Flächeninhalt 12 cm^2?" Hat der angesprochene Spieler diese Karte nicht oder stimmt eine der beiden Größenangaben nicht, so ist er mit Fragen an der Reihe. Hat er die Karte aber, so muß er sie hergeben und der Frager darf weiter Fragen stellen. Wer am Schluß die meisten Quartette abgelegt hat, ist Sieger.

LERNZIELE
Bei Vorgabe von zwei der vier Rechtecksgrößen Seitenlängen, Flächeninhalt, Umfang die beiden übrigen Größen berechnen

L - F - Terzett

THEMENBEREICH
Längen, Flächen

SPIELFORM
Kartenspiel für drei bis vier Personen

MATERIAL
30 Karten (Vorlagen 13)

SPIELVERLAUF
Alle Karten werden gleichmäßig an die Spieler verteilt (bei 4 Spielern bekommen 2 Spieler 7 Karten und 2 Spieler 8 Karten). Das Ziel des Spiels besteht darin, Terzette aus drei zusammengehörigen Karten zu bilden.

Beispiel: 70 mm; 7 cm; 0,7 dm

Wer ein Terzett hat, legt es offen auf den Tisch. Haben alle Spieler ihre Karten geordnet und Terzette abgelegt, so kann der erste Spieler nach fehlenden Karten fragen. Dirk sagt z. B. zu Britta: „Von Dir hätte ich gern die 7 cm." Hat Britta diese Karte nicht oder hat Dirk sich in dem Zahlenwert verrechnet, so ist Britta an der Reihe zu fragen, andernfalls bekommt Dirk die Karte von Britta und kann weiterfragen. Wer am Schluß die meisten Terzette hat, ist Sieger.

LERNZIELE
Umrechnung von Längen- und Flächenmaßen

Geogolf

THEMENBEREICH
Strecken und Winkel

SPIELFORM
Zeichenspiel für zwei Personen

MATERIAL
Kariertes Papier, Geodreiecke und 20 cm lange Lineale, ein Locher zur Herstellung der Spielfelder

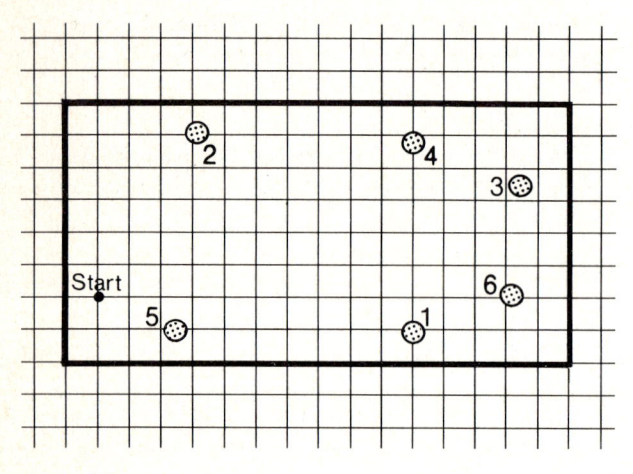

Abb. 26

SPIELVERLAUF
Die Spielfelder werden aus halbierten DIN A 4-Bögen mit einem normalen Locher hergestellt, wie in Abb. 26.
Spieler 1 muß vom Start aus Loch 1 treffen, von Loch 1 aus Loch 2 und von dort aus Loch 3, Spieler 2 entsprechend die Löcher 4; 5 und 6. Die Golfschläge führt man dermaßen durch:
Zunächst wird der Winkel zwischen den waagerechten Karolinien und der geforderten Schußrichtung geschätzt, außerdem die benötigte Schußweite. Beide Schätzgrößen schreibt man auf. Anschließend zeichnet man der Schätzung entsprechend.
Die Spieler sind abwechselnd an der Reihe. Hat ein Spieler ein Loch verfehlt, so führt er, sobald er wieder an der Reihe ist, einen Schlag von der gleichen Stelle aus wie eben mit verbesserter Schätzung durch.
Verfehlt ein Ball das Spielfeld, so muß der Spieler wieder bei ‚Start' beginnen und auch die schon erreichten Löcher nochmal anspielen.

LERNZIELE
— Schätzen von Winkeln und Strecken
— Zeichnen von Winkeln und Strecken

Augenmaß

THEMENBEREICH
Winkel (Strecken, Flächeninhalte)

SPIELFORM
Übungsspiel für drei bis vier Personen

MATERIAL
Geodreiecke und Schreibzeug, unliniertes Papier, pro Spieler 3 bis 5 Spielmarken (Streichhölzer o. ä.)

SPIELVERLAUF
Ein Spieler zeichnet einen Winkel (eine Strecke, ein Rechteck) die beiden anderen schätzen den Betrag (die Länge, den Flächeninhalt). Wer besser geschätzt hat, darf als nächster zeichnen, der andere muß eine seiner Spielmarken abgeben. Hat ein Spieler keine Spielmarken mehr, so scheidet er aus. Dafür darf er alle weiteren Winkel zeichnen, bis der Sieger feststeht.
Auch Winkel über 180° sind zulässig und erwünscht!

LERNZIELE
Schätzen der Größe von Winkeln, Strecken, Flächeninhalten

Geobillard

THEMENBEREICH
Winkel

SPIELFORM
Geschicklichkeitsspiel für zwei Personen

MATERIAL
Papier, Bleistifte, Geodreiecke

SPIELVERLAUF
Das Spielfeld ist 12 x 18 cm groß und enthält 7 Bälle, die beliebig eingezeichnet werden (Abb. 27).

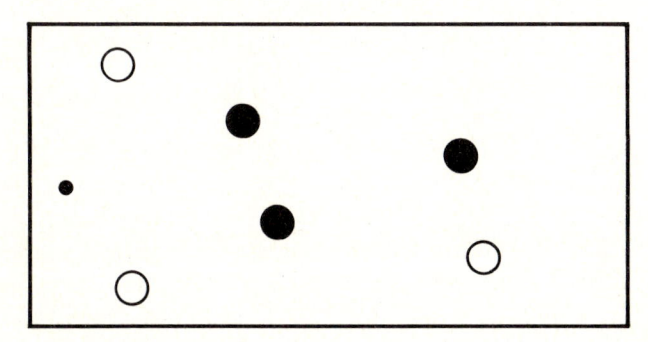

Abb. 27

(Die größeren Bälle zeichnet man mit einer Schablone, die mit einem normalen Locher hergestellt ist; es ist zweckmäßig die Spielfelder zu fotokopieren.) Geschossen wird immer nur mit dem kleinen Ball. Mit diesem muß Spieler 1 die weißen Bälle in beliebiger Reihenfolge treffen, Spieler 2 die schwarzen. Die Schwierigkeit besteht darin, daß der kleine Ball nicht direkt auf einen großen geschossen wird, sondern gegen die Bande (den Spielfeldrand). Von dort prallt er unter dem gleichen Winkel ab und soll erst dann den großen Ball treffen (Ein-Banden-Spiel). Hat ein Spieler einen seiner Bälle getroffen, so darf er von dort aus nochmal schießen. Hat er ihn verfehlt, so bleibt der kleine Ball 7 cm von der letzten Berührung der Bande entfernt liegen. Von dort aus schießt dann der andere Spieler. Sieger ist, wer seine drei Bälle zuerst getroffen hat.

VARIANTEN
(Zwei-Banden-Spiel)
Es sind nur drei Bälle im Spiel: der kleine, ein wei-

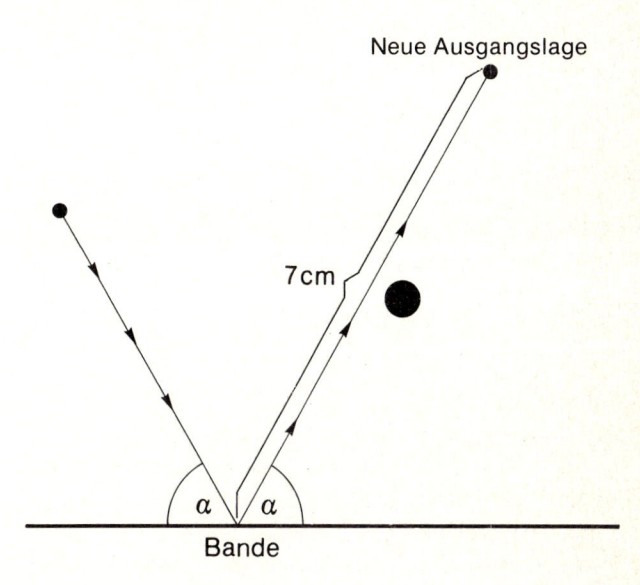

Abb. 28

ßer und ein schwarzer. Gespielt wird nach den gleichen Regeln wie beim Ein-Banden-Spiel, allerdings muß der Schußball vor dem Treffen zweimal gegen die Bande stoßen.

LERNZIELE
— Winkel messen
— Winkel vorgegebener Größe zeichnen
— Schätzen von Strecken und propädeutische Erfahrungen mit ähnlichen Dreiecken erwerben (Abb. 29)

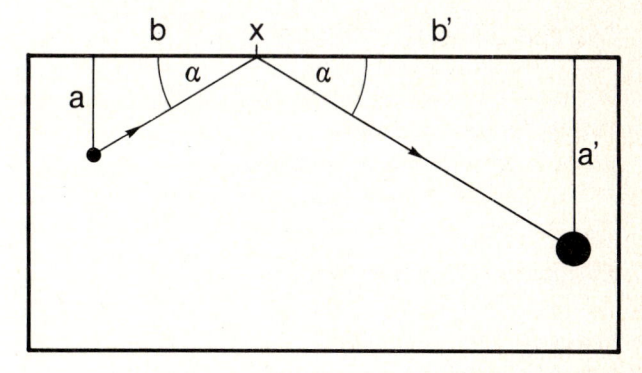

Abb. 29: Punkt x muß so gewählt werden, daß b:b' = a:a' gilt.

Lange Reihe

THEMENBEREICH
Teiler und Vielfache, ggT und kgV

SPIELFORM
Anlegespiel für zwei bis vier Spieler

MATERIAL
30 Zahlenkarten 1 ... 12; 14; 15; 16; 18; 20; 21; 22; 24; 28; 30; 32; 36; 40; 42; 44; 45; 48; 50 aus Vorlage 2

SPIELVERLAUF
Jeder Spieler erhält 5 Karten, eine Karte kommt offen in die Mitte, der Rest liegt verdeckt auf dem Tisch. Die Spieler legen nun reihum je eine Karte links oder rechts an die offene Karte, sodaß eine lange Reihe entsteht. Es dürfen nur solche Karten angelegt werden, die ein Vielfaches oder einen Teiler der benachbarten Karte darstellen.

Beispiel:

| 10 | 30 | 2 | 42 | 14 | 7 | 1 | 15 |

Abb. 30

Wer nicht anlegen kann, nimmt eine der verdeckten Karten. Kann er dann immer noch nicht anlegen, so ist der nächste Spieler an der Reihe.
Zusatzregel: Entgegen der oben angeführten Anlegeregel darf man zwei Karten auf einmal quer anlegen, wenn die Karte in der Reihe den ggT oder kgV der beiden Karten darstellt.

Beispiel:

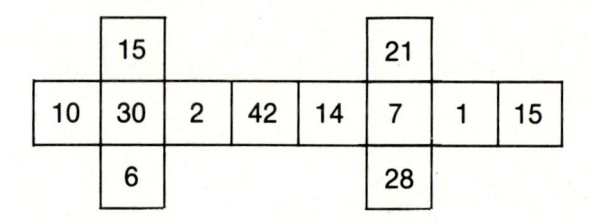

	15				21		
10	30	2	42	14	7	1	15
	6				28		

Abb. 31

Gewonnen hat derjenige, der als erster alle Karten abgelegt hat.

LERNZIELE
— Teiler- und Vielfach-Relation zwischen vorgegebenen Zahlen erkennen
— den ggT und das kgV bestimmen

Schwarzer Peter - kgV

THEMENBEREICH
Kleinste gemeinsame Vielfache (kgV)

SPIELFORM
Kartenspiel für drei bis vier Personen

MATERIAL
Pro Gruppe 32 Spielkarten (Vorlage 14)

SPIELVERLAUF
Das Spielmaterial besteht aus 16 Kartenpaaren: zu jeder Karte mit zwei Zahlen gehört die Karte, die das kleinste gemeinsame Vielfache dieser Zahl enthält. Die Karten $\frac{12}{16}$ und 48 bilden beispielsweise ein Paar. Vor Spielbeginn wird eine Karte offen zur Seite gelegt. Die zugehörige Karte ist dann für die Dauer des Spiels der ‚Schwarze Peter'. Die restlichen 31 Karten werden gleichmäßig an die Spieler verteilt. Jeder Spieler darf nun Paare zueinandergehöriger Karten offen ablegen. Kann kein Spieler mehr ablegen, so ziehen die Spieler reihum eine Karte von ihrem linken Nachbarn und legen anschließend nach Möglichkeit ab. Wer als letzter den ‚Schwarzen Peter' allein in der Hand hat, hat verloren.

VARIANTEN
Vor Spielbeginn wird eine Karte verdeckt zur Seite gelegt, sodaß der ‚Schwarze Peter' bis zum Schluß unbekannt bleibt.

LERNZIELE
Zu zwei Zahlen das kgV angeben

Teilerpuzzles

THEMENBEREICH
Teiler und Vielfache, ggT, Drehungen und Spiegelungen

SPIELFORM
Puzzles für einen oder mehrere Spieler

MATERIAL
Zahlenkarten 1 ... 50 (Vorlage 2)

SPIELVERLAUF
Zu diesem Spiel werden folgende 16 Zahlenkarten benötigt: 1; 2; 3; 4; 5; 6; 8; 10; 12; 16; 20; 24; 30; 32; 40; 48.
Die Karten werden so zu einem Quadrat zusammengelegt, daß benachbarte Karten Teiler bzw. Vielfache voneinander sind. Eine Lösung ist in Abb. 32 dargestellt.

40	5	30	3
10	20	2	6
1	4	8	24
32	16	48	12

Abb. 32

Weitere Lösungen erhält man durch Achsenspiegelungen an den beiden Hauptdiagonalen, der senkrechten oder der waagerechten Achse und durch Drehung um 90°, 180° und 270°.
Dieses Spiel ist recht schwierig. Vier einfachere Puzzles erhält man, indem man nur die 9 Karten eines enthaltenen kleineren Quadrates verwendet.

VARIANTEN
ggT-Puzzles: Bei den folgenden beiden Spielen stellen die vier niedrigsten Zahlen Teiler dar, die übrigen Zahlen Vielfache. Die Karten sind so zu einer symmetrischen Figur zusammenzufügen, daß zwischen zwei Vielfachen stets ihr größter gemeinsamer Teiler zu liegen kommt.

Benötigte Karten: 2; 3; 5; 6; 10; 12; 15; 18; 30; 32; 33; 35; 36

Lösung:

		36		
	18	6	12	
32	2	30	3	33
	10	5	15	
		35		

Abb. 33

Benötigte Karten: 1; 2; 3; 7; 9; 11; 12; 14; 15; 28; 35; 38; 42

Lösung:

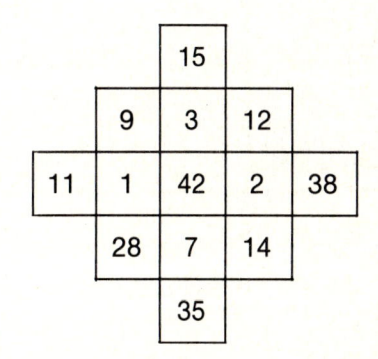

		15		
	9	3	12	
11	1	42	2	38
	28	7	14	
		35		

Abb. 34

Auch bei diesen beiden Puzzles erhält man weitere Lösungen durch Drehungen und Spiegelungen.

LERNZIELE
— Teiler- und Vielfachenrelation zwischen vorgegebenen Zahlen erkennen
— Den g.g.T. bestimmen
— Drehungen und Spiegelungen als zulässige Transformationen von speziellen Zahlenschemata erkennen

LITERATUR
Lichtenberger, Jochim: Rechenspiele für die Klassen 5 bis 7, IPTS-Arbeitspapiere zur Unterrichtsfachberatung

Ibiza

THEMENBEREICH
Teilbarkeitsregeln

SPIELFORM
Würfelspiel für zwei bis vier Personen

MATERIAL
Pro Gruppe 3 Würfel (sind nicht genügend viele Würfel vorhanden, so können die Spieler auch drei Würfe mit einem Würfel durchführen).

SPIELVERLAUF
Zur Vorbereitung wird eine Liste mit den Spielernamen und den Zahlen 1; 2; 3; 4; 5; 6; 9 hinter jedem Namen angelegt. Ein Spieler eröffnet die erste Runde, indem er würfelt und aus den Augenzahlen eine dreistellige Zahl zusammensetzt. Die folgenden Spieler streichen nun jeweils einen Teiler dieser Zahl hinter ihrem Namen weg. In einer Runde dürfen zwei Spieler nicht den gleichen Teiler wegstreichen, d. h. jeder Spieler muß einen neuen Teiler suchen. Ist kein Teiler mehr zu finden, so würfelt der nächste Spieler. Wer als erster alle Ziffern weggestrichen hat, ist Sieger.

LERNZIELE
Die Teilbarkeitsregeln kennen und auf dreistellige Zahlen anwenden

Hasse-Spiel

THEMENBEREICH
Hasse-Diagramme, Multiplikation und Division in Operatorform

SPIELFORM
Brettspiel für zwei Personen

MATERIAL
Pro Gruppe ein Spielplan (Vorlage 15), ein Würfel, zwei Spielfiguren, verschiedenfarbige Stifte

SPIELVERLAUF
Bei Spielbeginn stehen beide Figuren auf dem Startfeld. Die Spieler würfeln abwechselnd und setzen ihre Figuren entsprechend den Augenzahlen auf ein benachbartes Feld. Für die Augenzahlen 2; 3; und 5 sind die Richtungen folgendermaßen festgelegt:

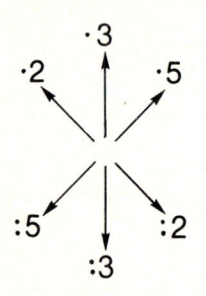

Abb. 35

Sind zwei entgegengesetzte Richtungen möglich, so kann der Spieler eine der beiden wählen. In das Zielfeld schreibt man immer die Zahl, die man durch entsprechende Multiplikation oder Division aus dem vorherigen Feld erhält.
Die Augenzahlen 1 und 4 sind Nieten, bei 6 besteht freie Richtungswahl (nicht mit 6 multiplizieren, sondern mit der Richtungszahl). Das Spiel ist zu Ende, wenn der erste Spieler im obersten Feld angekommen ist. Sieger ist derjenige, der mehr Felder mit seinen Zahlen ausgefüllt hat.

VARIANTEN
Das Spiel ist erst zu Ende, wenn alle Felder ausgefüllt sind.

UNTERRICHTSPRAKTISCHER HINWEIS
Der ausgefüllte Spielplan bietet Möglichkeiten zu propädeutischen Übungen zum Bruchbegriff und zum Erweitern und Kürzen (kürzere und längere Wege zum gleichen Ziel).

LITERATUR
Mittrowann, Udo und Sorger, Peter: Arithmetische Spiele für die Grundschule, Schriftenreihe des Pädagogischen Instituts der Landeshauptstadt Düsseldorf, Heft 25, Mai, 1975

Teilersuche

THEMENBEREICH
Teiler

SPIELFORM
Würfelspiel für zwei bis fünf Personen

MATERIAL
Pro Gruppe zwei Würfel

SPIELVERLAUF
Der erste Spieler in der Runde würfelt mit beiden Würfeln und bildet aus den Augenzahlen eine zweistellige Zahl, wobei er selbst festlegen kann, welche der beiden Zahlen die Zehner und welche die Einer angibt. Die nächsten Spieler nennen nun reihum je einen Teiler dieser Zahl. Wer als erster keinen neuen Teiler mehr findet, hat die Runde verloren. Der Verlierer darf in der nächsten Runde würfeln.

LERNZIELE
— Die Teilermenge einer zweistelligen Zahl bestimmen

LITERATUR
Lichtenberger, Jochim: Rechenspiele für die Klassen 5 bis 7, IPTS-Arbeitspapiere zur Unterrichtsfachberatung

Bruchwürfeln

THEMENBEREICH
Größenvergleich von Bruchzahlen

SPIELFORM
Würfelspiel für drei Spieler

MATERIAL
Pro Gruppe 2 Würfel, 9 Spielmarken (Streichhölzer o. ä.), Schreibmaterial

SPIELVERLAUF
Jeder Spieler erhält 3 Spielmarken. Reihum wird mit beiden Würfeln gewürfelt. Jeder Spieler bildet aus seinen beiden Ergebnissen die Bruchzahl $\frac{\text{kleinere Zahl}}{\text{größere Zahl}}$ und notiert sie. Rundensieger ist der Spieler mit der größten Bruchzahl, Verlierer der mit der kleinsten. Der Verlierer muß dem Sieger eine Spielmarke geben. Sind die beiden größten Bruchzahlen gleich, so muß der Verlierer beiden Siegern eine Bruchmarke geben. Wer keine Spielmarke mehr hat, scheidet aus. Gesamtsieger ist derjenige, der als letzter übrigbleibt.

VARIANTEN
a) Es wird jeweils die Bruchzahl $\frac{\text{größere Zahl}}{\text{kleinere Zahl}}$ gebildet.
b) Durch bekleben der Würfelflächen mit Selbstklebeetiketten und Neubeschriften werden Würfel mit anderen Augenzahlen hergestellt. Verwendet man zwei verschiedene Würfel, so vergrößert sich die Zahl der möglichen Brüche erheblich.

LERNZIELE
Ungleichnamige Bruchzahlen der Größe nach ordnen

LITERATUR
Lichtenberger, Jochim: Rechenspiele für den Mathematikunterricht der Klassen 5 - 7, PM 11, Heft 6/81, S. 321 - 325

Bruchrechendomino

THEMENBEREICH
Bruchzahlen und deren Grundrechenarten

SPIELFORM
Anlegespiel für zwei oder drei Personen

MATERIAL
Je Spielgruppe 40 Dominokarten wahlweise aus Vorlage 19 A - D

SPIELVERLAUF
Die 40 Karten werden gut gemischt, eine Karte kommt in die Mitte zwischen die Spieler, jeder Spieler erhält drei Karten und der Rest wird als ‚Kaufhaus' zwischen die Spieler gelegt. Nun legt jeder reihum eine seiner Karten an, und zwar immer ein Aufgabenfeld an ein passendes Ergebnisfeld, nicht umgekehrt (also immer links anlegen!). Dabei können auch mehrere Aufgabenfelder an ein Ergebnisfeld angelegt werden, sodaß Verzweigungen entstehen. Wer nicht anlegen kann, nimmt die unterste Karte aus dem ‚Kaufhaus'; kann er dann immer noch nicht anlegen, so ist der nächste Spieler an der Reihe. Wer als erster keine Karten mehr hat, ist Sieger.

VARIANTEN
a) Wenn ein Spieler ganz viel Glück hat, ist das Spiel schnell zu Ende, wen das stört, der kann auch mit 6 anstatt 3 Karten für jeden Spieler beginnen.
b) In der obigen Version darf jeder Spieler nur eine Karte anlegen, wenn er an der Reihe ist. Man kann aber auch so spielen, daß jeder Spieler alle passenden Karten auf einmal anlegen darf.
c) Schließlich kann man auch so spielen, wie beim üblichen Domino, also: Verzweigungen sind verboten, angelegt werden darf nur an den beiden Enden der entstehenden Kette. Dabei kann man entweder mit Kaufhaus spielen, wie eben, oder aber alle Karten (bis auf die eine in der Mitte) zu Spielbeginn an die Spieler verteilen. Dieses Spiel ist etwas schwieriger, weil es darauf ankommt, aus den eigenen Karten möglichst lange Ketten zu bilden.

LERNZIELE
— Graphische Darstellungen in Brüche umsetzen
— Erweitern und Kürzen von Brüchen
— Multiplikation und Division von Bruchzahlen
— Addition und Subtraktion von Bruchzahlen

UNTERRICHTSPRAKTISCHER HINWEIS
Eine Möglichkeit zur Ergebniskontrolle durch die Spieler ergibt sich, wenn man auf die Rückseite jeder Karte das Ergebnis der Aufgabe auf der Vorderseite schreiben läßt. In diesem Fall darf natürlich kein Spieler eine Rückseite zu sehen bekommen, auch nicht die der eigenen Karte.
Wer glaubt, daß ein anderer einen Fehler gemacht hat, dreht dessen Karte um. Hat er recht, so muß der, der falsch gerechnet hat, eine Runde aussetzen. Hat er aber unrecht, so muß er selbst eine Runde aussetzen.

LITERATUR
Lichtenberger, Jochim, Rechenspiele für die Klassen 5 bis 7, IPTS-Arbeitspapiere zur Unterrichtsfachberatung

Schnipp-Schnapp

THEMENBEREICH
Bruchzahlen und deren Grundrechenarten

SPIELFORM
Kartenspiel für zwei Personen

MATERIAL
40 Dominokarten wahlweise aus den Vorlagen 19 A–D

SPIELVERLAUF
Jeder Spieler bekommt die Hälfte der Karten. Die Spieler ordnen die Karten so zu einem Stapel, daß alle Ergebnishälften links liegen. Einer der beiden wird für die Dauer eines Spiels zum Schnipp-Sager bestimmt. Immer wenn der Schnipp-Sager ‚schnipp' sagt, legen beide Spieler die unterste Karte ihres Stapels so auf den Tisch, daß die beiden Karten nebeneinander zu liegen kommen. Nun sind vier Felder sichtbar: zwei Aufgaben- und zwei Ergebnisfelder. Stimmen zwei dieser Felder (egal ob zwei Aufgabenfelder oder zwei Ergebnisfelder oder ein Aufgaben- und ein Ergebnisfeld) in ihrem Wert überein, so sagt derjenige, der dies zuerst entdeckt, schnell ‚schnapp' und bekommt die Karten. Gibt es keine Felder mit gleichem Wert, so sagt der Schnipp-Sager wieder ‚schnipp' und jeder Spieler legt die nächste unterste Karte seines Stapels auf diejenige, die er eben schon hingelegt hat. Wer jetzt ‚schnapp' sagen kann, bekommt alle vier Karten. Besonders spannend wird das Spiel, wenn drei- oder viermal niemand ‚schnapp' sagen konnte und entsprechend viele Karten übereinander liegen.
Kontrolle: Wenn ein Spieler fälschlicherweise ‚schnapp' sagt, bekommt der andere die Karten.

VARIANTEN
Mau-Mau
Jeder Spieler bekommt 5 Karten, eine Karte kommt in die Mitte, der Rest als Stapel daneben. Reihum darf nun jeder Spieler eine Karte auf die schon in der Mitte befindliche legen: dabei muß die abgelegte Karte mit der vorherigen in mindestens einem Feld übereinstimmen, z. B.

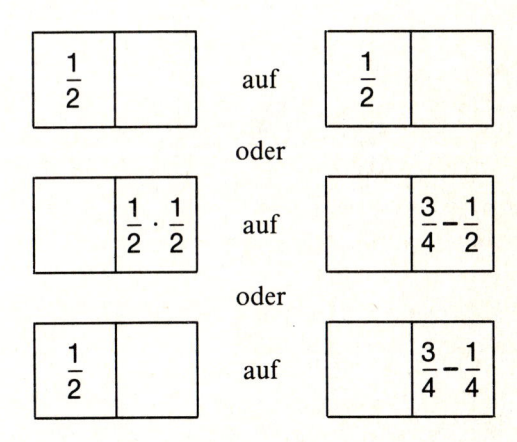

| $\frac{1}{2}$ | | auf | | $\frac{1}{2}$ | |

oder

| $\frac{1}{2} \cdot \frac{1}{2}$ | auf | $\frac{3}{4} - \frac{1}{2}$ |

oder

| $\frac{1}{2}$ | | auf | | $\frac{3}{4} - \frac{1}{4}$ |

Wer nicht ablegen kann, zieht eine Karte aus dem Stoß in der Mitte. Kann er dann immer noch nicht ablegen, so ist der nächste Spieler an der Reihe. Wer als erster keine Karten mehr hat, ist Sieger.

LERNZIELE
Schnelligkeit bei den Grundrechenarten mit Bruchzahlen entwickeln

LITERATUR
Lichtenberger, Jochim: Rechenspiele für die Klassen 5 bis 7, IPTS-Arbeitspapiere zur Unterrichtsfachberatung

Patience

THEMENBEREICH
Bruchzahlen und deren Grundrechenarten

SPIELFORM
Geduldspiel für eine oder mehrere Personen

MATERIAL
40 Dominokarten wahlweise die Vorlage aus den Vorlagen 19 A - D

Beispiele:
(Kontrolle durch Umdrehen)

SPIELVERLAUF
Alle 40 Karten werden offen auf den Tisch gelegt. Gesucht werden nun geschlossene Kartenketten aus 4 Karten (oder aus 2; 3; 5 ... Karten).

LERNZIELE
Grundrechenarte mit Bruchzahlen

LITERATUR
Lichtenberger, Jochim: Rechenspiele für die Klassen 5 bis 7, IPTS-Arbeitspapiere zur Unterrichtsfachberatung

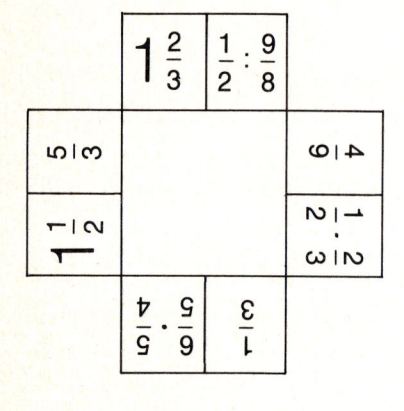

4 Karten 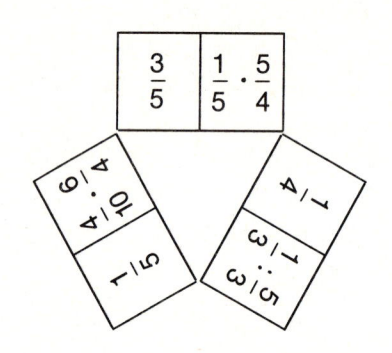   3 Karten 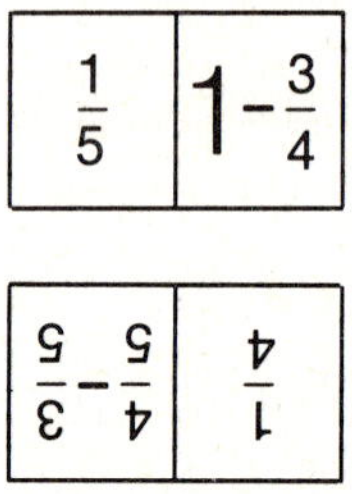   2 Karten

Bruchrechenlotto

THEMENBEREICH
Grundrechenarten bei Bruchzahlen

SPIELFORM
Kartenspiel für drei Personen

MATERIAL
Pro Gruppe drei Ergebnistafeln (Vorlage 20 A) und 48 Aufgabenkarten (Vorlage 20 B)

SPIELVERLAUF
Jeder Spieler erhält eine Ergebnistafel. Die Aufgabenkarten werden gut gemischt und gestapelt. Der erste Spieler nimmt die oberste Aufgabenkarte und rechnet die Aufgabe aus. Paßt das Ergebnis auf die eigene Tafel, so legt er die Karte auf ihren Platz auf seiner Tafel, andernfalls gibt er sie einem seiner beiden Mitspieler; für welchen der beiden er sich entscheidet, liegt in seinem Ermessen und macht die Spannung dieses Spiels aus. Anschließend ist der nächste Spieler an der Reihe. Wer seine Ergebnistafel als erster voll ausgelegt hat, ist Sieger.

Wer glaubt, daß ein anderer Spieler eine Karte falsch gelegt hat, meldet dies. Hat er recht, so muß der andere eine Runde aussetzen und die Karte kommt unter den Stapel; hat er aber unrecht, so muß er selber eine Runde aussetzen.

VARIANTE QUARTETT
wird zu dritt gespielt. Jeder Spieler erhält eine Ergebnistafel und 16 gut gemischte Karten. Zunächst legt jeder Spieler diejenigen Karten auf seine Tafel, die darauf passen. Die übrigen legt er zur Seite, aber so, daß die anderen Spieler diese nicht sehen. Ein Quartett besteht aus vier Karten, die in eine Reihe gehören. Hat ein Spieler schon ein Quartett, so legt er die vier Karten umgekehrt auf den Tisch, sodaß alle Spieler überprüfen können, ob er wirklich richtig gerechnet hat. Haben alle Spieler ihre Karten gelegt und eventuelle Quartette ausgesondert, so beginnt der rechte Nachbar des Karten-

gebers nach seinen fehlenden Karten zu fragen. Elke sagt z. B.: „Von Florian hätte ich gern die $\frac{1}{4}$." Hat Florian die Karte mit dem Ergebnis $\frac{1}{4}$ bei seinen übriggebliebenen Karten, so muß er sie Elke geben; hat er sie nicht (oder nur auf seiner Tafel), so ist Florian mit fragen an der Reihe. Wer ein Quartett hat, legt es immer offen hin. Sieger ist, wer als erster vier Quartette hat.

VARIANTE SCHNAPPI

Bei diesem Spiel, welches auch zu dritt gespielt wird, kommt es auf Schnelligkeit an. Jeder Spieler erhält eine Ergebnistafel. Die Aufgabenkarten werden gestapelt zwischen die Spieler gelegt. Jeder Spieler erhält 4 bis 7 Spielmarken (Streichhölzer o. ä.). Spieler 1 zieht nun die unterste Aufgabenkarte aus dem Stapel und legt sie offen zwischen die Spieler. Wer die Aufgabenkarte für sein Feld brauchen kann, sagt schnell „schnapp". Wer zuerst „schnapp" gesagt hat, darf die Karte gegen eine Spielmarke eintauschen. Das Ziel des Spiels besteht darin, einen ‚Vierer' zu bekommen. Ein Vierer besteht aus vier fest zusammenhängenden Karten (je zwei Karten müssen mindestens entlang einer Kante zusammenliegen). Die Aufgabenkarten werden der Reihe nach aufgedeckt. Wer zuerst einen Vierer hat, hat gewonnen.

Wer als erster „schnapp" gesagt hat, muß die Karte kaufen, auch wenn er danach feststellt, daß er sie nicht brauchen kann. (Je weniger Spielmarken zu Spielbeginn verteilt werden, um so genauer müssen die Spieler also rechnen, um keine Spielmarken für unbrauchbare Karten zu opfern.)

Bei falschem Ablegen setzt der Spieler eine Runde aus und legt die Karte unter den Stapel.

LERNZIELE
Grundrechenarten mit Bruchzahlen

UNTERRICHTSPRAKTISCHER HINWEIS
Zur Ergebniskontrolle kann man auf die Rückseite der Aufgabenkarten ihre Ergebnisse schreiben lassen. In diesem Fall darf kein Spieler die Rückseite von Aufgabenkarten zu sehen bekommen, es sei denn, es steht ausdrücklich in den Spielregeln.

Lotto-Patience

THEMENBEREICH
Grundrechenarten bei Bruchzahlen

SPIELFORM
Geduldspiel für eine Person

MATERIAL
1 Ergebnistafel aus Vorlage 20 A und die passenden Aufgabenkarten aus Vorlage 20 B

SPIELVERLAUF
Die 16 Karten werden gut gemischt und gestapelt. Nun hebt man die oberste Karte ab und legt sie neben den Stapel. Gehören die beiden jetzt sichtbaren Karten (die abgehobene und nun oberste des Stapels) auf dem Ergebnisfeld in die gleiche Reihe, so dürfen sie auf ihren Platz gelegt werden. Ist dies nicht der Fall, so wird die nun oberste Karte auf die einzelne gelegt usw. (der Stapel wird also Schritt für Schritt umgeschichtet). Sobald zwei Aufgaben erscheinen, die in die gleiche Reihe gehören, werden sie abgelegt. Sind zwei Karten abgelegt worden, so kann es sein, daß die beiden Karten, die darunter lagen und jetzt sichtbar sind, auch wieder in eine Reihe gehören: in dem Fall dürfen diese auch abgelegt werden. Ist der ganze Stapel umgeschichtet, so mischt man die Karten gut und das ganze beginnt von vorn, bis alle Karten auf der Ergebnistafel liegen. Am Schluß dreht man alle Karten um und überprüft, ob sie an ihrem richtigen Platz liegen.

LERNZIELE
Rechnen mit Bruchzahlen

Schwarzer Peter - B

THEMENBEREICH
Umwandlung gemischter Zahlen in unechte Bruchzahlen und umgekehrt

SPIELFORM
Kartenspiel für drei bis vier Personen

MATERIAL
32 Spielkarten (Vorlage 16)

SPIELVERLAUF
siehe Seite 40 „Schwarzer-Peter kgV"

LERNZIELE
Gemischte Zahlen in unechte Bruchzahlen umwandeln und umgekehrt

LITERATUR
Lichtenberger J.: Rechenspiele für die Klassen 5 bis 7, IPTS-Arbeitspapiere zur Unterrichtsfachberatung

Zauberquadrat-Puzzles mit Bruchzahlen

THEMENBEREICH
Addition mit Bruchzahlen

SPIELFORM
Puzzlespiel für einen bis drei Spieler

MATERIAL
Pro Gruppe 9 Zahlenkarten (Vorlage 17A oder 17B)

SPIELVERLAUF
Die 9 Karten sind so zu einem 3 x 3-Zauberquadrat zusammenzufügen, daß die Zeilensummen, die Spaltensummen und die Diagonalsummen jeweils den Wert 1 haben.

LERNZIELE
Ungleichnamige Bruchzahlen addieren

Dezimalbrüche vertauschen

THEMENBEREICH
Anordnung von Dezimalbrüchen

SPIELFORM
Strategisches Spiel für zwei Personen

MATERIAL
Pro Gruppe 18 Karten (Vorlage 18)

SPIELVERLAUF
Bei Spielbeginn liegen alle Karten so auf dem Tisch, daß die Dezimalbrüche zu sehen sind. Die Rückseiten mit den natürlichen Zahlen dienen zur Kontrolle und dürfen im Lauf des Spiels nicht sichtbar werden. Ein Spieler wählt eine beliebige Karte aus, sein Partner legt eine andere Karte daneben, der erste Spieler wieder eine usw., bis 8 Karten in einer Reihe liegen. Nun vertauschen die Spieler abwechselnd jeweils 2 Karten miteinander, bis alle Dezimalbrüche der Größe nach geordnet sind. Wer den letzten Zug macht, hat gewonnen. Zur Kontrolle werden anschließend die Karten umgedreht; die natürlichen Zahlen müssen dann auch der Größe nach geordnet sein.

GEWINNSTRATEGIE
Die Gewinnstrategie entspricht der des Spiels ‚Zahlen vertauschen' (s. S. 7).

LERNZIELE
Periodische und abbrechende Dezimalbrüche der Größe nach ordnen

Druzzle

THEMENBEREICH
Umwandlung von Dezimalbrüchen in Bruchzahlen

SPIELFORM
Kartenspiel für drei Personen

MATERIAL
Pro Gruppe 30 Karten (Vorlage 21)

SPIELVERLAUF
Die Karten werden gemischt; jeder Spieler erhält 10 Karten. Ein Spieler legt zu Beginn eine Karte auf den Tisch; der nächste Spieler legt nun möglichst viele passende Karten an. Zwei Karten passen zusammen, wenn gleiche Zahlenwerte wie z. B. $1\frac{1}{2}$ und 1,5 nebeneinander zu liegen kommen. Kann ein Spieler nicht mehr anlegen, so kommt der nächste an die Reihe. Sieger ist, wer als erster keine Karten mehr hat.

VARIANTEN
Zur Einführung können die Spieler die Karten auch als Puzzle verwenden.

LERNZIELE
Brüche in Dezimalbrüche umwandeln und umgekehrt

Dezimal-Nautilus

THEMENBEREICH
Kopfrechnen mit Dezimalbrüchen

SPIELFORM
Setzspiel für drei Personen

MATERIAL
Pro Gruppe ein Spielfeld (Vorlage 23), 3 Spielfiguren (kleine Spielkegel, bunte Stiftkappen o. ä.)

SPIELVERLAUF
Die Spieler setzen ihre Spielfiguren auf die drei Startfelder. Reihum rechnen sie nun eine der beiden Aufgaben auf dem besetzten Feld (welche, steht den Spielern frei), und setzen ihren Spielstein auf das Feld, dessen große Zahl das Ergebnis der gerechneten Aufgabe darstellt. Wer als erster im Ziel angelangt ist, hat gewonnen. Gelangt ein Spieler auf ein von einem Mitspieler besetztes Feld, so kann er dessen Figur ‚hinauswerfen', d. h., auf ein nach außen hin benachbartes Feld oder, falls es sich um ein Randfeld handelt, auf ein Startfeld versetzen.

LERNZIELE
Addieren, subtrahieren, multiplizieren und dividieren von Dezimalbrüchen (Kopfrechenaufgaben)

Dezimal-Domino

THEMENBEREICH
Kopfrechnen mit Dezimalbrüchen

SPIELFORM
Kartenspiel für zwei bis vier Personen

MATERIAL
Pro Gruppe 40 Karten (Vorlage 22)

SPIELVERLAUF
Mit diesen Karten sind die gleichen Spiele wie mit ‚Bruchrechen-Domino' (s. S. 44) ‚Schnipp-Schnapp' (s. S. 45) und ‚Patience' (s. S. 46) durchführbar.

LERNZIELE
Addieren, subtrahieren, multiplizieren und dividieren von Dezimalbrüchen (Kopfrechenaufgaben)

Dezimal-Slalom

THEMENBEREICH
Überschlagrechnungen zu Aufgaben mit Dezimalzahlen

SPIELFORM
Wettspiel für die ganze Klasse

MATERIAL
Pro Spieler ein Arbeitsbogen (Vorlage 24)

SPIELVERLAUF
Der Spielverlauf entspricht dem des ‚Überschlag-Slalom' (s. S. 23). Richtig ist immer das Ergebnis, welches auf der ersten Stelle hinter dem Komma eine gerade Ziffer hat.

LERNZIELE
Durch Überschlagrechnungen das Ergebnis von Dezimalrechenaufgaben abschätzen.

Dreisatz-Terzett

THEMENBEREICH
Proportionale und antiproportionale Zuordnungen

SPIELFORM
Kartenspiel für drei bis vier Personen

MATERIAL
30 Spielkarten (Vorlagen 25)

SPIELVERLAUF
Die Karten werden gut gemischt und gleichmäßig an die Spieler verteilt (bei vier Spielern bekommen 2 Spieler 7 Karten und 2 Spieler 8 Karten). Das Ziel des Spiels besteht darin, Terzette aus drei Karten mit gleicher Überschrift zu bilden. Haben die Spieler ihre Karten geordnet und schon vorhandene Terzette offen abgelegt, so versuchen sie, fehlende Karten durch geschicktes Fragen zu bekommen. Susanne fragt Dörte z. B.: „Hast Du die Drahtkarte ‚32 Stücke mit je 3 m Länge'?" Wenn Dörte diese Karte hat, muß sie sie Susanne geben und kann weiterfragen, hat Dörte die Karte aber nicht oder hat Susanne sich verrechnet, so ist Dörte mit Fragen an der Reihe. Wer am Schluß die meisten Terzette hat, ist Sieger.

LERNZIELE
Einfache Dreisatz-Aufgaben erster und zweiter Art ‚im Kopf' lösen

Prozentrechen-Puzzle

THEMENBEREICH
Prozentrechnen

SPIELFORM
Puzzlespiel für eine bis drei Personen

MATERIAL
Pro Gruppe 37 Karten (Vorlage 26)

SPIELVERLAUF
Die Karten werden so zu einer Fläche zusammengelegt, daß nach unten und nach rechts richtige Gleichungen in Operatorschreibweise zu lesen sind.
Ein einfacheres Puzzle erhält man z. B. durch Vorgabe der 17 Karten, die in der Lösung umrandet sind.

LERNZIELE
Berechnen von Grundwert, Prozentsatz und Prozentwert bei Vorgabe der beiden jeweils anderen Größen.

Lösung:

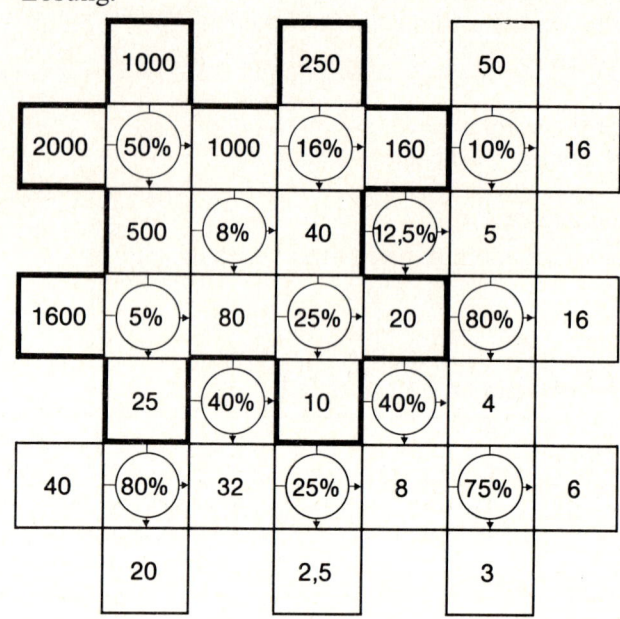

	1000		250		50	
2000	50%	1000	16%	160	10%	16
	500	8%	40	12,5%	5	
1600	5%	80	25%	20	80%	16
	25	40%	10	40%	4	
40	80%	32	25%	8	75%	6
	20		2,5		3	

Abb. 36

Prozentrechen-Domino

THEMENBEREICH
Prozentrechnen

SPIELFORM
Anlegespiel für drei bis vier Spieler

MATERIAL
Pro Gruppe 40 Spielkarten (Vorlage 27)

SPIELVERLAUF
Mit diesem Material lassen sich die beim ‚Bruchrechen-Domino' (s. S. 44), beim ‚Schnipp-Schnapp' (s. S. 45) und beim ‚Patience' (s. S. 46) beschriebenen Spiele durchführen.

LERNZIELE
Berechnung von Prozentwerten bei Vorgabe von Grundwert und Prozentsatz

Schwarzer Peter - ρ

THEMENBEREICH
Prozentrechnen

SPIELFORM
Kartenspiel für drei bis vier Personen

MATERIAL
Pro Gruppe 32 Spielkarten (Vorlage 28)

SPIELVERLAUF
Zwei Karten bilden ein Paar, wenn der Prozentsatz auf der einen Karte der Bruchzahl auf der anderen entspricht. Der Spielverlauf entspricht dem des auf S. 40 beschriebenen Spiels.

LERNZIELE
Umrechnung von einfachen Prozentsätzen in Bruchzahlen und umgekehrt

Kontospiel

THEMENBEREICH
Einführung in negative Zahlen, Addition und Subtraktion in $\mathbb{Z}$

SPIELFORM
Kartenspiel für drei bis vier Personen

MATERIAL
40 Karten (Vorlage 29)

SPIELVERLAUF
Die Ereigniskarten (kleine Karte mit Text) liegen als Stoß zwischen den Spielern. Die Kontokarten (Geldscheine H, Schuldenscheine S) werden gut gemischt. Jeder Spieler erhält vier Kontokarten, der Rest kommt als Stoß in die Mitte. Reihum decken die Spieler je eine Ereigniskarte auf und führen den angeführten Auftrag aus. Das Spiel ist zu Ende, wenn alle Ereigniskarten aufgebraucht sind. Sieger ist dann derjenige, der den höchsten Kontostand hat.

LERNZIELE
— Interpretation negativer Zahlen als Schulden
— Interpretation von Adition und Subtraktion positiver und negativer Zahlen im Kontomodell
— Addieren und Subtrahieren in $\mathbb{Z}$

UNTERRICHTSPRAKTISCHER HINWEIS
Im Anschluß an dieses Spiel bietet sich ein Unterrichtsgespräch an über die verschiedenen Möglichkeiten, den eigenen Kontostand zu erhöhen (Abzug von Schulden) oder zu erniedrigen (Abzug von Geldbeträgen oder Hinzufügen von Schulden).

Schwimmen

THEMENBEREICH
Rechnen in $\mathbb{Z}$

SPIELFORM
Würfelspiel für drei bis fünf Spieler

MATERIAL
Pro Gruppe 3 Pappwürfel (Vorlage 30), Klebstoff und pro Spieler 4 Spielmarken (Streichhölzer o. ä.)

SPIELVERLAUF
Jeder Spieler erhält 4 Spielmarken. Reihum wird mit den drei Würfeln gewürfelt und die so entstandene Aufgabe ausgerechnet. Bei Subtraktionen gibt der schwarze Würfel den Minuenden an. Wer die niedrigste Zahl erreicht hat, muß eine Spielmarke abgeben. Hat ein Spieler seine letzte Spielmarke abgegeben, so ‚schwimmt' er. Er darf dann noch mitspielen, scheidet aber aus (‚geht unter'), wenn er nochmal verliert. Gewonnen hat, wer als letzter übrigbleibt.

LERNZIELE
Addieren, subtrahieren und multiplizieren in $\mathbb{Z}$

$\mathbb{Z}$-Puzzle

THEMENBEREICH
Multiplikation in $\mathbb{Z}$

SPIELFORM
Puzzle für ein bis drei Personen

MATERIAL
Pro Gruppe 25 Zahlenkarten (Vorlage 31)

SPIELVERLAUF
Die Karten werden so zu einer zusammenhängen-

den Fläche aneinandergelegt, daß zwischen zwei weißen Karten in waagerechter und senkrechter Richtung das Produkt der beiden Zahlen auf einer schwarzen Karte erscheint.

LERNZIELE
— Multiplizieren in $\mathbb{Z}$
— Konzentrations- und Kombinationsübung

LITERATUR
Lichtenberger, Jochim: Rechenspiele für den Mathematikunterricht der Klassen 5 bis 7, Teil II, PM 23, Heft 11, S. 321 - 325

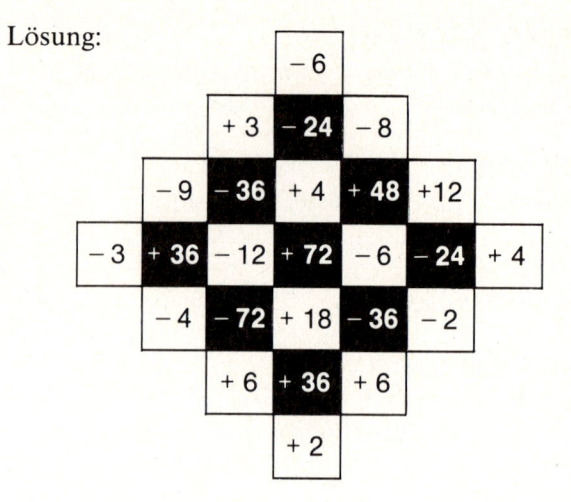

Lösung:

			−6			
		+3	−24	−8		
	−9	−36	+4	+48	+12	
−3	+36	−12	+72	−6	−24	+4
	−4	−72	+18	−36	−2	
		+6	+36	+6		
			+2			

Würfelzahlenquadrat

THEMENBEREICH
Addition und Multiplikation in $\mathbb{Z}$

SPIELFORM
Würfelspiel für zwei oder drei Personen

MATERIAL
Pro Gruppe ein Würfel, Schreibmaterial

SPIELVERLAUF
Jeder Spieler zeichnet ein Quadrat mit vier Feldern auf. Die Spieler würfeln abwechselnd und setzen die Ergebnisse, wahlweise mit positivem oder negativem Vorzeichen versehen, in ein beliebiges freies Feld ihres Würfelzahlenquadrates. Das vollständige Quadrat soll zwei positive und zwei negative Zahlen enthalten. Die Spieler können ihre Vorzeichen unterschiedlich setzen. Der Wert eines Würfelzahlenquadrates wird berechnet als Summe aus den beiden Zeilenprodukten und den beiden Spaltenprodukten.

Beispiel:
Wert: (−15) + (−6) + (+18) + (+5) = (+2)

−3	−5
+6	−1

Abb. 37

Sieger ist derjenige, dessen Würfelzahlenquadrat den höchsten Wert hat.

VARIANTEN
Zur Berechnung des Wertes werden die Spaltenprodukte von den Zeilenprodukten subtrahiert.

GEWINNSTRATEGIE
Einen möglichst großen Wert erhält das Würfelzahlenquadrat, wenn die beiden größten Zahlen mit positiven Vorzeichen in eine Zeile gesetzt werden und die beiden kleineren Zahlen mit negativen Vorzeichen so darunter, daß die abzuziehenden, weil negativen Spaltenprodukte möglichst klein werden. Für das oben angegebene Beispiel bedeutet dies:
Wert: (+30) + (+3) + (−6) + (−15) = (+12)

+6	+5
−1	−3

LERNZIELE
Addieren und multiplizieren in $\mathbb{Z}$

LITERATUR
Spiegel, Hartmut: Das „Würfelzahlenquadrat" - Ein Problemfeld für arithmetische und kombinatorische Aktivitäten im Grundschulunterricht DdM4 (1978), S. 296 - 306

ℤ-Domino

THEMENBEREICH
Kopfrechnen in ℤ

SPIELFORM
Kartenspiel für zwei bis vier Personen

MATERIAL
Pro Gruppe 40 Karten (Vorlage 32)

SPIELVERLAUF
Mit diesen Karten sind die gleichen Spiele durchführbar wie mit ‚Bruchrechen-Domino' (siehe S. 44), ‚Schnipp-Schnapp' (siehe S. 45) und ‚Patience' (siehe S. 46).

LERNZIELE
Addieren, subtrahieren, multiplizieren und dividieren von ganzen Zahlen

16 Mexikaner

THEMENBEREICH
Termberechnungen in ℤ

SPIELFORM
Spiel für zwei Personen

MATERIAL
Pro Gruppe ein Spielbogen (Vorlage 33) und zwei verschiedenfarbige Stifte

SPIELVERLAUF
Die 16 Mexikaner verschenken ihre Hüte, wenn es gelingt, die Zahl darauf durch Verknüpfung der -2; +3 und -4 darzustellen. Erlaubt sind dabei die Grundrechenarten und das Setzen von Klammern. Jede der drei Zahlen muß genau einmal vorkommen.
Beispiel:
$$(-2) \cdot (+3) + (-4) = -10$$
Die beiden Spieler schreiben passende Terme in die Hüte. Wer am Schluß die meisten Hüte hat, ist Sieger. Schreibt ein Spieler einen falschen Term in einen Hut, so gehört dieser dem Gegner.
Kopiert man die Vorlage auf eine OH-Folie, so läßt sich das Spiel auch gut als Mannschaftsspiel durchführen.

LERNZIELE
Grundrechenarten und Termberechnungen in ℤ

Eierwettlegen

THEMENBEREICH
Häufigkeitsverteilungen, Addition und Multiplikation von Wahrscheinlichkeiten, relative Häufigkeit und Wahrscheinlichkeit

SPIELFORM
Würfelspiel für drei Personen

MATERIAL
Pro Gruppe 1 Würfel (für die Variante 2 Würfel), Schreibmaterial

SPIELVERLAUF
6 Hühner mit den Nummern 1 bis 6 nehmen an einem Eierwettlegen teil. Vor Spielbeginn sucht sich jeder Spieler eins der Hühner aus. Eine Strichliste mit 6 Spalten für die Hühner wird angelegt. Nun würfeln die Spieler reihum. Die Würfelzahl gibt an, welches Huhn ein Ei gelegt hat. Das Spiel ist zu Ende, wenn insgesamt 100 Eier gelegt worden sind. Sieger ist derjenige, dessen Huhn die meisten Eier gelegt hat.

VARIANTEN
a) Jeder Spieler wählt zwei Hühner aus. Sieger ist derjenige, dessen Hühner zusammen am meisten Eier gelegt haben.

b) Es nehmen 11 Hühner mit den Nummern 2 bis 12 am Wettbewerb teil. Gewürfelt wird mit 2 Würfeln; die Summe der Augenzahlen gibt an, welches Huhn ein Ei gelegt hat.

LERNZIELE
— Absolute Häufigkeiten bestimmen und durch Strichlisten darstellen.
— Relative Häufigkeiten anhand von Strichlisten berechnen.
— erkennen, daß die relative Häufigkeit sich der Wahrscheinlichkeit nähert.
— Summenregel und Pfadregel zur Berechnung von Wahrscheinlichkeiten verwenden.

UNTERRICHTSPRAKTISCHE HINWEISE
Die Frage, wieviel Prozent der Eier von Huhn 1; 2; ... stammen, führt zu den relativen Häufigkeiten. Wird das Spiel fortgesetzt, so zeigt sich, daß die Prozentsätze sich den Wahrscheinlichkeiten annähern. Das Problem, warum in Variante b) Huhn 7 so erfolgreich ist, führt zu den Regeln für das Rechnen mit Wahrscheinlichkeiten (Summenregel, Pfadregel).

Würfelkarten

THEMENBEREICH
Häufigkeit und Wahrscheinlichkeit, Summenregel für Wahrscheinlichkeiten

SPIELFORM
Würfelspiel für drei bis vier Spieler

MATERIAL
Pro Gruppe 2 Würfel, 16 Würfelkarten (Vorlage 34), 2 Päckchen Streichhölzer

SPIELVERLAUF
Vor Spielbeginn liegen die Karten offen vor den Spielern, die Streichhölzer im ‚Topf' (Streichholzschachteln). Jeder Spieler sucht sich eine Karte aus. Nun wird mit beiden Würfeln reihum gewürfelt. Ist die Bedingung einer Karte erfüllt, so darf der Besitzer dieser Karte ein Streichholz aus dem Topf nehmen. Wer nach 36 Würfen die meisten Hölzer hat, ist Rundensieger. In der nächsten Runde nehmen die Spieler drei andere Karten.

VARIANTEN
Jeder Spieler erhält 20 Streichhölzer. Aus dem verdeckten Kartenstoß zieht jeder eine Karte, die er offen vor sich legt, damit alle anderen Spieler sie sehen können. Nun legt jeder Spieler seinen ‚Einsatz', der aus 1, 2 oder 3 Streichhölzern besteht, vor sich. Es wird 36 mal mit beiden Würfeln gewürfelt. Der Gewinner, der durch eine Strichliste ermittelt wird, erhält soviel Streichhölzer von jedem Mitspieler, wie sich aus dem Produkt der Einsätze ergibt. Beispiel: Der Einsatz des Gewinners betrug 2, der eines Mitspielers 3; also muß dieser dem Gewinner $2 \cdot 3 = 6$ Hölzer geben.

LERNZIELE
— Die erwartete Häufigkeit des Eintretens von Ereignissen in einem mehrstufigen Zufallsexperiment durch die Ermittlung von Wahrscheinlichkeiten abschätzen.
— Die Wahrscheinlichkeit zusammengesetzter Ereignisse als Summe der Einzelwahrscheinlichkeiten abschätzen bzw. berechnen

Hinweise zur Herstellung des Spielmaterials

1. Die beigefügten Kopiervorlagen sind ausdrücklich für den Gebrauch in Schulen zum Kopieren freigegeben.

2. Das Material für Karten- und Dominospiele muß auf Pappe geklebt und anschließend zerschnitten werden. Zwecks besserer Haltbarkeit kann man die Bögen vor dem Zerschneiden mit Klarsichtfolie überkleben.

3. Bei allen Spielen, in denen jede Spielgruppe mehrere Karten hat, besteht die Gefahr, daß die Karten verschiedener Gruppen durcheinander geraten. Dies läßt sich durch Kopieren auf farbiges Papier oder durch Kleben auf farbige Pappe vermeiden.

Vorlage 1 Zauberkarten

Hinweis: Die Rückseiten der Karten sind mit den jeweiligen Kartennummern zu versehen.

Karte Nr. 0

1	3	5	7
9	11	13	15
17	19	21	23
25	27	29	31
33	35	37	39
41	43	45	47
49	51	53	55
57	59	61	63

Karte Nr. 1

2	3	6	7
10	11	14	15
18	19	22	23
26	27	30	31
34	35	38	39
42	43	46	47
50	51	54	55
58	59	62	63

Karte Nr. 2

4	5	6	7
12	13	14	15
20	21	22	23
28	29	30	31
36	37	38	39
44	45	46	47
52	53	54	55
60	61	62	63

Karte Nr. 3

8	9	10	11
12	13	14	15
24	25	26	27
28	29	30	31
40	41	42	43
44	45	46	47
56	57	58	59
60	61	62	63

Karte Nr. 4

16	17	18	19
20	21	22	23
24	25	26	27
28	29	30	31
48	49	50	51
52	53	54	55
56	57	58	59
60	61	62	63

Karte Nr. 5

32	33	34	35
36	37	38	39
40	41	42	43
44	45	46	47
48	49	50	51
52	53	54	55
56	57	58	59
60	61	62	63

Nur gestrichelte Linien ausschneiden!

Vorlage 2 Eule, Zauberquadrat-Puzzle, 15 gewinnt

Hinweis: Das Material ist für 2 Gruppen angelegt.

1	2	3	4	5	6.	7	8	9.
10	11	12	13	14	15	16	17	18
19	20	21	22	23	24	25	26	27
28	29	30	31	32	33	34	35	36
37	38	39	40	41	42	43	44	45
46	47	48	49	50				
1	2	3	4	5	6.	7	8	9.
10	11	12	13	14	15	16	17	18
19	20	21	22	23	24	25	26	27
28	29	30	31	32	33	34	35	36
37	38	39	40	41	42	43	44	45
46	47	48	49	50				

Nur gestrichelte Linien ausschneiden!

Vorlage 3 Lotto für drei

Ergebnisfelder

Aufgabenkarten

1	2	4	5
7	8	10	11
13	14	16	17
19	20	22	23

1 : 1	72 : 36	68 : 17	115 : 23
126 : 18	96 : 12	100 : 10	143 : 13
91 : 7	84 : 6	112 : 7	68 : 4
76 : 4	220 : 11	110 : 5	115 : 5

1	3	4	6
7	9	10	12
13	15	16	18
19	21	22	24

2 : 2	72 : 24	76 : 19	102 : 17
126 : 18	117 : 13	30 : 3	84 : 7
78 : 6	75 : 5	96 : 6	54 : 3
133 : 7	147 : 7	132 : 6	96 : 4

2	3	5	6
8	9	11	12
14	15	17	18
20	21	23	24

56 : 28	42 : 14	130 : 26	78 : 13
104 : 13	108 : 12	132 : 12	96 : 8
56 : 4	45 : 3	51 : 3	72 : 4
240 : 12	126 : 6	92 : 4	72 : 3

Nur gestrichelte Linien ausschneiden!

Vorlage 4   Nautilus

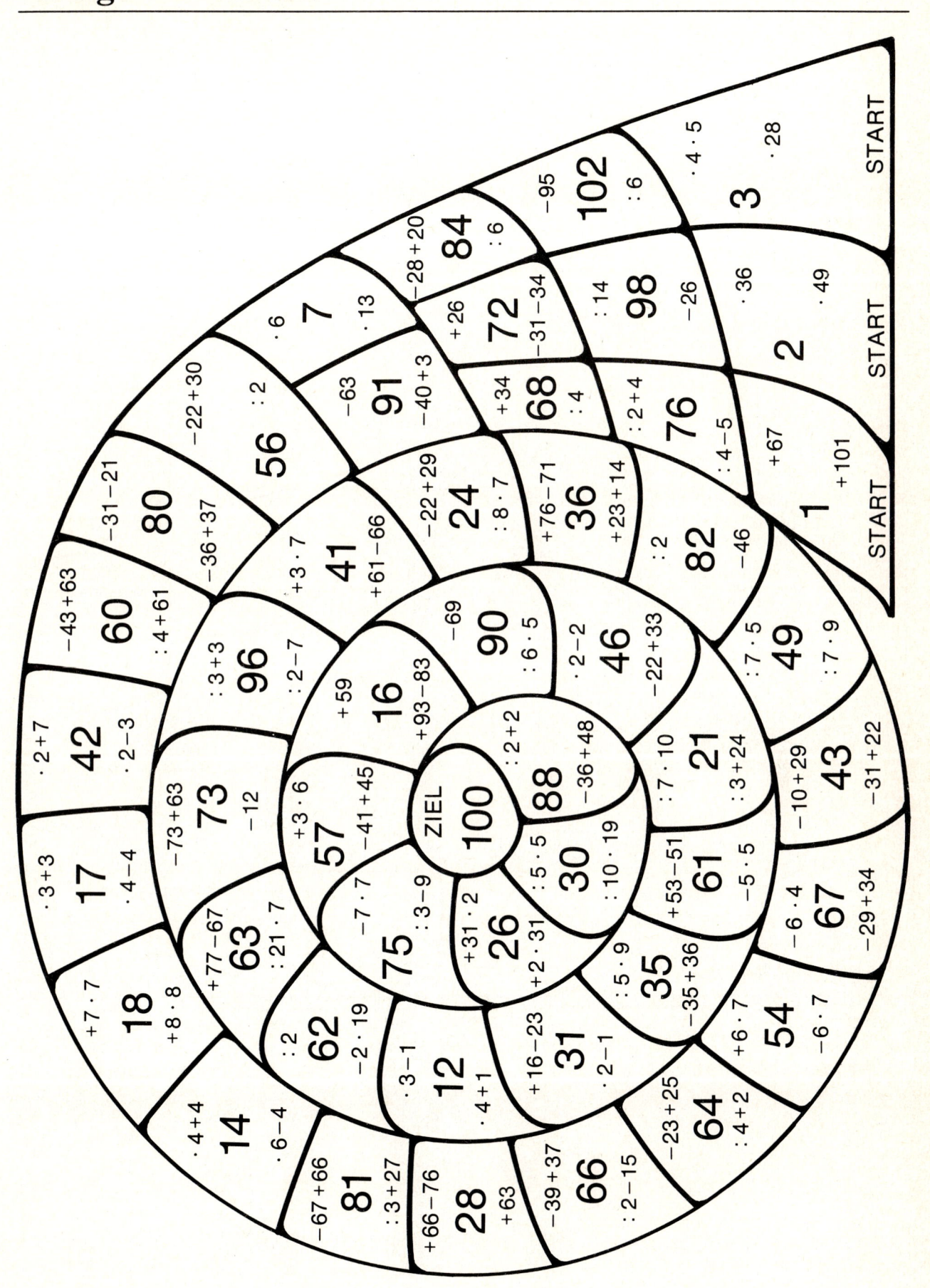

Vorlage 5   Riesenrad

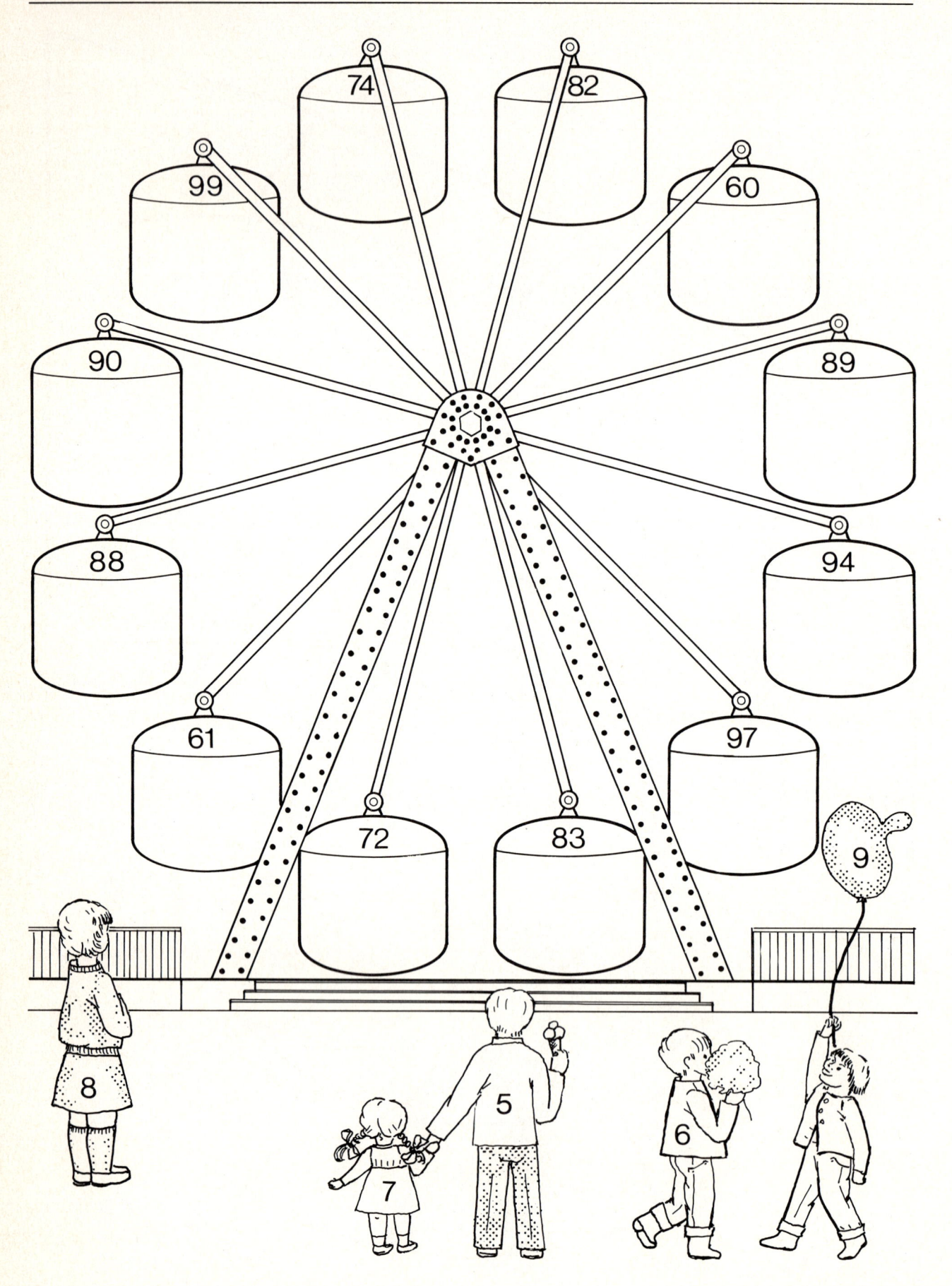

62

Vorlage 6 Grundrechendomino

120−29−11	70	48−20+52	7	4·8+6·8	170	8·3+8·7	187
11·(20−3)	88	45+87+55	77	154−13+46	180	17·(10+1)	80
70+53+47	7	17·13−17·3	187	3·17+7·17	88	2·17·5	77
7·16−7·6	5	13·7−3·7	80	72:2+68:2	187	2·7·5	7
105−51−49	80	13·5−12·5	170	5·12−5·11	77	104:4−84:4	70
14·7−3·7	187	25+27+25	180	51−23+49	7	7·(10+1)	180
107−51−49	6	16·7−15·7	70	7·13−7·12	6	84:7−35:7	5
80+55+45	77	18·14−18·4	88	4·18+6·18	70	2·18·5	6
106−55−45	170	17·6−16·6	5	6·14−6·13	80	156:6−120:6	88
17·8−6·8	180	25+38+25	6	51−12+49	5	8·(10+1)	170

Nur gestrichelte Linien ausschneiden!

Vorlage 7 A Schieber

Hinweis: Die Vorlage auf eine Folie kopieren und 9 Schuber (Material für 9 Gruppen) ausschneiden.

64 Nur gestrichelte Linien ausschneiden!

Vorlage 7 B Schieber

Hinweis: Die Vorlage auf eine Folie kopieren und 9 Schuber (Material für 9 Gruppen) ausschneiden.

Nur gestrichelte Linien ausschneiden!

Vorlage 7 C   Schieber

1	2	1	3	1	1	1	3	1	1	1
3	2	3	4	2	2	1	4	2	3	-
4	4	1	2	5	3	3	4	1	1	4
4	3	2	5	3	4	2	1	1	8	-
2	7	5	5	4	2	2	5	1	1	-
5	2	6	4	4	4	2	1	5	1	-
3	1	2	6	2	5	3	2	9	2	-
1	3	4	7	4	2	4	8	1	9	-
4	5	5	1	5	4	4	2	2	1	-
2	4	3	3	5	5	5	1	8	1	-
7	7	9	4	7	6	9	9	9	6	-

Vorlage 8   Flußdiagramm

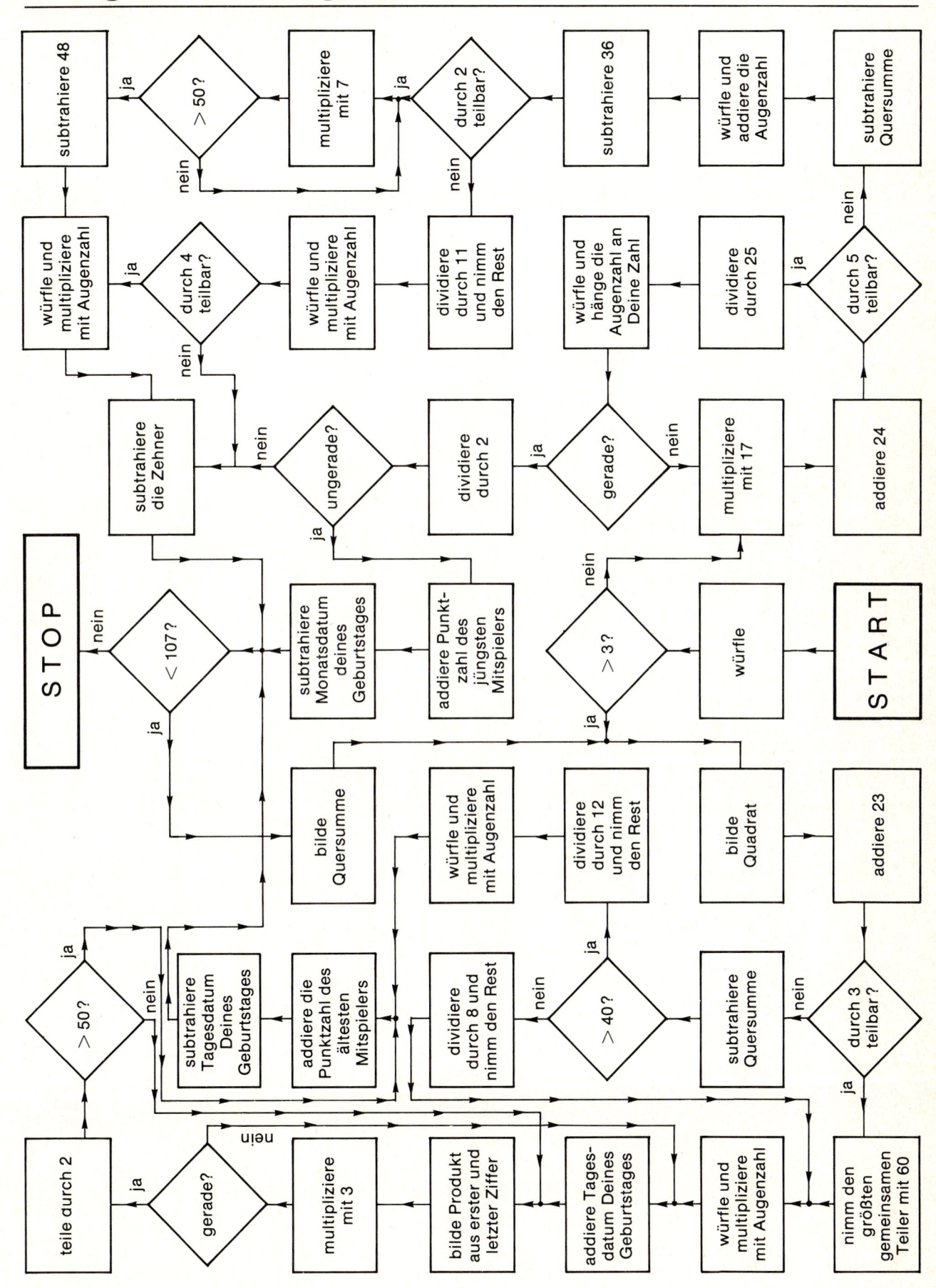

Vorlage 9 Überschlag-Slalom

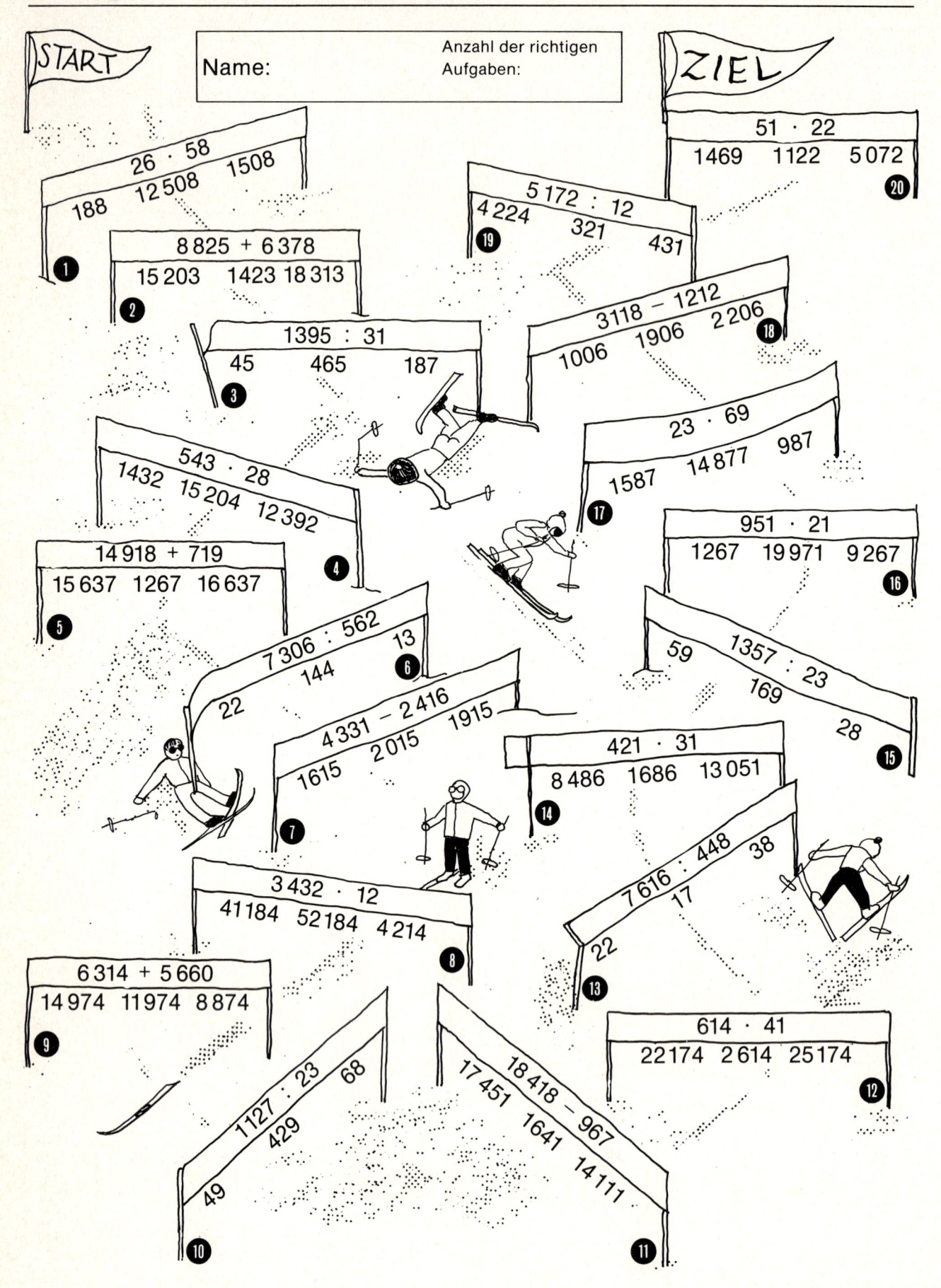

START

Name:

Anzahl der richtigen Aufgaben:

ZIEL

① 26 · 58   188   12 508   1508

② 8 825 + 6 378   15 203   1 423   18 313

③ 1 395 : 31   45   465   187

④ 543 · 28   1432   15 204   12 392

⑤ 14 918 + 719   15 637   1267   16 637

⑥ 7 306 : 562   13   144   22

⑦ 4 331 − 2 416   1915   1615   2 015

⑧ 3 432 · 12   41 184   52 184   4 214

⑨ 6 314 + 5 660   14 974   11 974   8 874

⑩ 1127 : 23   68   429   49

⑪ 18 418 − 967   17 451   1 641   14 111

⑫ 614 · 41   22 174   2 614   25 174

⑬ 7 616 : 448   38   17   22

⑭ 421 · 31   8 486   1 686   13 051

⑮ 1 357 : 23   59   169   28

⑯ 951 · 21   1 267   19 971   9 267

⑰ 23 · 69   987   14 877   1 587

⑱ 3 118 − 1 212   1 006   1 906   2 206

⑲ 5 172 : 12   4 224   321   431

⑳ 51 · 22   1 469   1 122   5 072

Vorlage 10   Quadrat-Müller

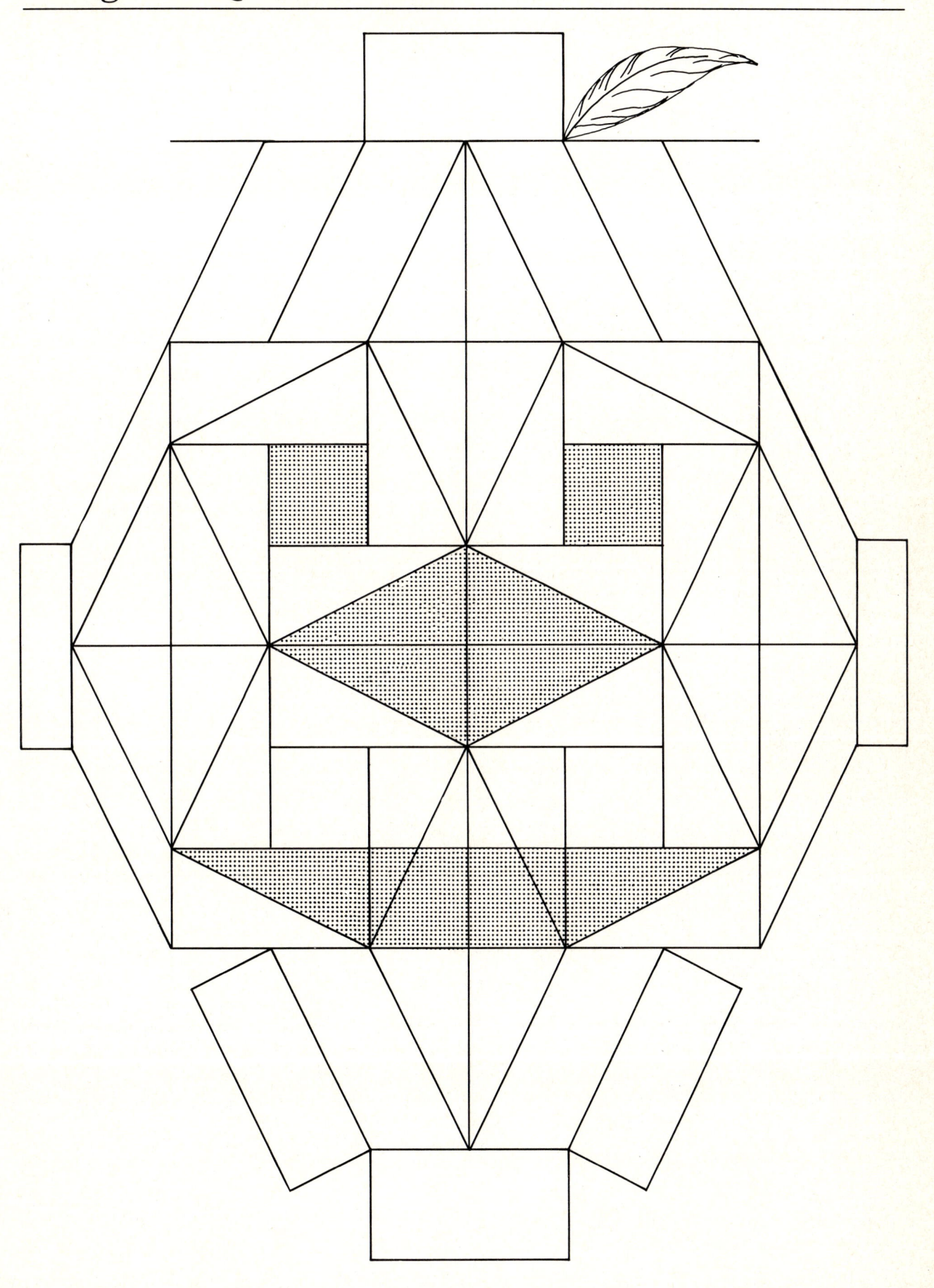

Vorlage 11   Drei Spatzen

70

Vorlage 12 Rechtecksquartett

7 cm b 7 cm 35 cm^2 A 35 cm^2	5 cm a 5 cm 24 cm U 24 cm	5 cm a 5 cm 35 cm^2 A 35 cm^2	5 cm a 5 cm 7 cm b 7 cm
6 cm b 6 cm 30 cm^2 A 30 cm^2	5 cm a 5 cm 22 cm U 22 cm	5 cm a 5 cm 30 cm^2 A 30 cm^2	5 cm a 5 cm 6 cm b 6 cm
10 cm b 10 cm 40 cm^2 A 40 cm^2	4 cm a 4 cm 28 cm U 28 cm	4 cm a 4 cm 40 cm^2 A 40 cm^2	4 cm a 4 cm 10 cm b 10 cm
3 cm b 3 cm 12 cm^2 A 12 cm^2	4 cm a 4 cm 14 cm U 14 cm	4 cm a 4 cm 12 cm^2 A 12 cm^2	4 cm a 4 cm 3 cm b 3 cm

Nur gestrichelte Linien ausschneiden!

Vorlage 12   Rechtecksquartett

| 5 cm   b   5 cm | 8 cm   a   8 cm | 8 cm   a   8 cm | 8 cm   a   8 cm |
| 40 cm² A   40 cm² | 26 cm   U   26 cm | 40 cm² A   40 cm² | 5 cm   b   5 cm |

| 3 cm   b   3 cm | 8 cm   a   8 cm | 8 cm   a   8 cm | 8 cm   a   8 cm |
| 24 cm² A   24 cm² | 22 cm   U   22 cm | 24 cm² A   24 cm² | 3 cm   b   3 cm |

| 7 cm   b   7 cm | 6 cm   a   6 cm | 6 cm   a   6 cm | 6 cm   a   6 cm |
| 42 cm² A   42 cm² | 26 cm   U   26 cm | 42 cm² A   42 cm² | 7 cm   b   7 cm |

| 4 cm   b   4 cm | 6 cm   a   6 cm | 6 cm   a   6 cm | 6 cm   a   6 cm |
| 24 cm² A   24 cm² | 20 cm   U   20 cm | 24 cm² A   24 cm² | 4 cm   b   4 cm |

Nur gestrichelte Linien ausschneiden!

Vorlage 13   L-F-Terzett

mm 70 mm	cm 7 cm	dm 0,7 dm	cm² 15 000 cm²
cm cm	mm mm	mm mm	dm² dm²
dm dm	dm dm	cm cm	m² m²

cm 150 cm	dm 15 dm	m 1,5 m	dm² 150 dm²
dm dm	cm cm	cm cm	cm² cm²
m m	m m	dm dm	m² m²

dm 15 000 dm	m 1 500 m	km 1,5 km	m² 1,5 m²
m m	dm dm	dm dm	cm² cm²
km km	km km	m m	dm² dm²

mm² 20 000 mm²	cm² 200 cm²	dm² 2 dm²	
cm² cm²	mm² mm²	mm² mm²	
dm² dm²	dm² dm²	cm² cm²	

Nur gestrichelte Linien ausschneiden!

Vorlage 13 L-F-Terzett

cm² 30 000 cm²	dm² 300 dm²	m² 3 m²	
m² m²	m² m²	dm² dm²	
dm² dm²	cm² cm²	cm² cm²	
dm² 17 000 dm²	m² 170 m²	a 1,7 a	m² 5 000 m²
a a	a a	m² m²	a a
m² m²	dm² dm²	dm² dm²	ha ha
m² 30 000 m²	a 300 a	ha 3 ha	a 50 a
a a	m² m²	m² m²	ha ha
ha ha	ha ha	a a	m² m²
a 50 000 a	ha 500 ha	km² 5 km²	ha 0,5 ha
ha ha	a a	a a	a a
km² km²	km² km²	ha ha	m² m²

Nur gestrichelte Linien ausschneiden!

Vorlage 14 Schwarzer Peter (kgV)

3 6	3 6	6 7	6 7	5 6	5 6	4 5	4 5
kgV	kgV	kgV	kgV				
3 4	3 4	12 16	12 16	9 12	9 12	6 8	6 8
kgV	kgV	kgV	kgV				
8 16	8 16	7 14	7 14	14 21	14 21	12 18	12 18
kgV	kgV	kgV	kgV				
4 8	4 8	8 12	8 12	6 9	6 9	4 6	4 6
kgV	kgV	kgV	kgV				

Nur gestrichelte Linien ausschneiden!

Vorlage 14   Schwarzer Peter (kgV)

12	18	24	8
kgV	kgV	kgV	kgV
12	18	24	8

36	42	14	16
kgV	kgV	kgV	kgV
36	42	14	16

24	36	48	12
kgV	kgV	kgV	kgV
24	36	48	12

20	30	42	6
kgV	kgV	kgV	kgV
20	30	42	6

Nur gestrichelte Linien ausschneiden!

Vorlage 15   Hasse-Spiel

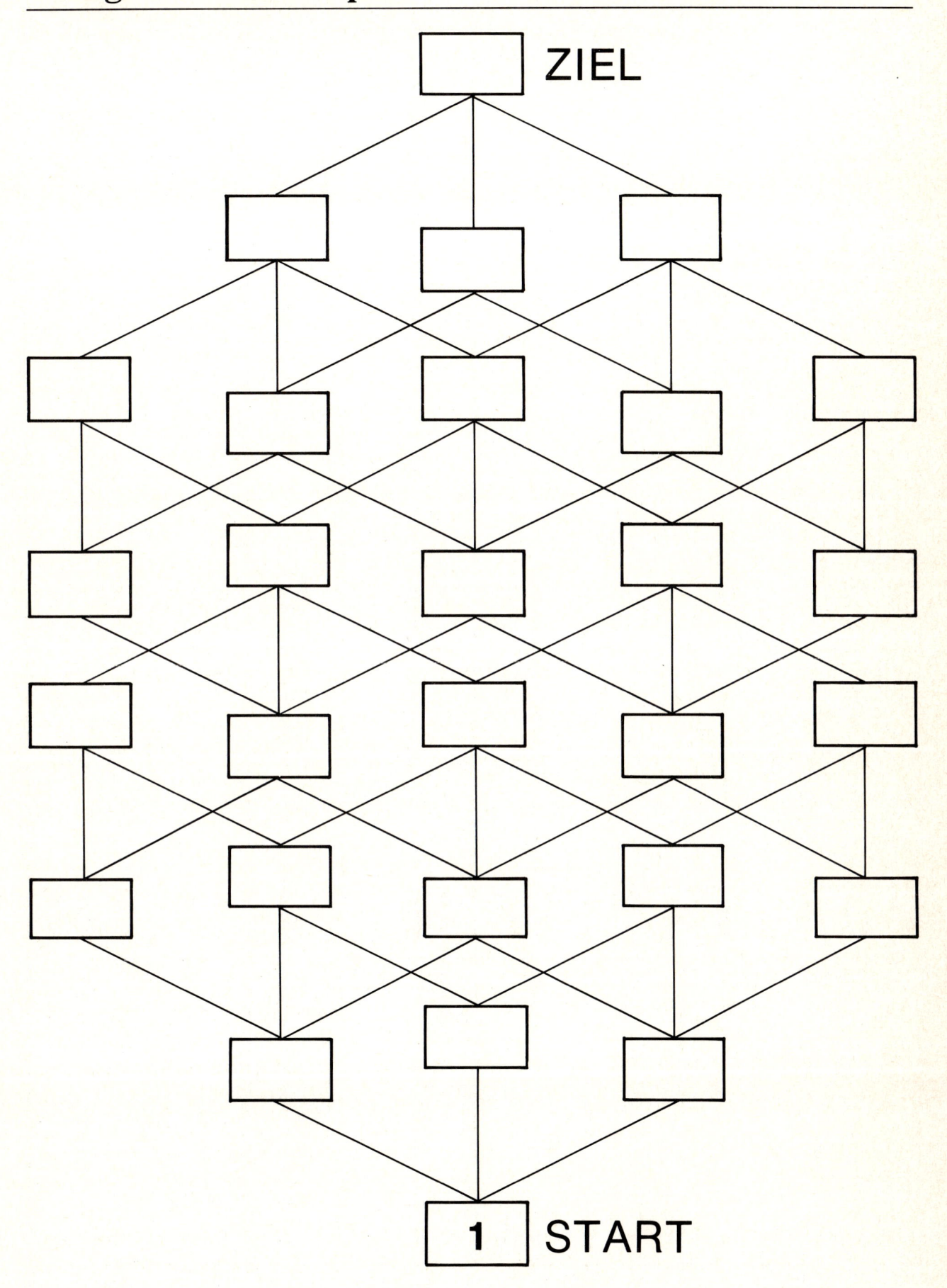

ZIEL

1 START

Vorlage 16 Schwarzer Peter – IB

$1\frac{1}{2}$	$1\frac{1}{2}$	$1\frac{1}{3}$	$1\frac{1}{3}$	$2\frac{1}{2}$	$2\frac{1}{2}$	$1\frac{2}{3}$	$1\frac{2}{3}$
$2\frac{1}{3}$	$2\frac{1}{3}$	$2\frac{2}{3}$	$2\frac{2}{3}$	$1\frac{1}{4}$	$1\frac{1}{4}$	$1\frac{3}{4}$	$1\frac{3}{4}$
$2\frac{1}{4}$	$2\frac{1}{4}$	$2\frac{3}{4}$	$2\frac{3}{4}$	$1\frac{1}{5}$	$1\frac{1}{5}$	$1\frac{2}{5}$	$1\frac{2}{5}$
$1\frac{3}{5}$	$1\frac{3}{5}$	$1\frac{4}{5}$	$1\frac{4}{5}$	$2\frac{1}{5}$	$2\frac{1}{5}$	$1\frac{5}{6}$	$1\frac{5}{6}$

Nur gestrichelte Linien ausschneiden!

Vorlage 16 Schwarzer Peter - IB

$\dfrac{3}{2}$	$\dfrac{3}{2}$	$\dfrac{4}{3}$	$\dfrac{4}{3}$	$\dfrac{5}{2}$	$\dfrac{5}{2}$	$\dfrac{5}{3}$	$\dfrac{5}{3}$
$\dfrac{2}{3}$	$\dfrac{2}{3}$	$\dfrac{3}{4}$	$\dfrac{3}{4}$	$\dfrac{2}{5}$	$\dfrac{2}{5}$	$\dfrac{3}{5}$	$\dfrac{3}{5}$
$\dfrac{7}{3}$	$\dfrac{7}{3}$	$\dfrac{8}{3}$	$\dfrac{8}{3}$	$\dfrac{5}{4}$	$\dfrac{5}{4}$	$\dfrac{7}{4}$	$\dfrac{7}{4}$
$\dfrac{3}{7}$	$\dfrac{3}{7}$	$\dfrac{3}{8}$	$\dfrac{3}{8}$	$\dfrac{4}{5}$	$\dfrac{4}{5}$	$\dfrac{4}{7}$	$\dfrac{4}{7}$
$\dfrac{9}{4}$	$\dfrac{9}{4}$	$\dfrac{11}{4}$	$\dfrac{11}{4}$	$\dfrac{6}{5}$	$\dfrac{6}{5}$	$\dfrac{7}{5}$	$\dfrac{7}{5}$
$\dfrac{4}{9}$	$\dfrac{4}{9}$	$\dfrac{4}{11}$	$\dfrac{4}{11}$	$\dfrac{5}{6}$	$\dfrac{5}{6}$	$\dfrac{5}{7}$	$\dfrac{5}{7}$
$\dfrac{8}{5}$	$\dfrac{8}{5}$	$\dfrac{9}{5}$	$\dfrac{9}{5}$	$\dfrac{11}{5}$	$\dfrac{11}{5}$	$\dfrac{11}{6}$	$\dfrac{11}{6}$
$\dfrac{5}{8}$	$\dfrac{5}{8}$	$\dfrac{5}{9}$	$\dfrac{5}{9}$	$\dfrac{5}{11}$	$\dfrac{5}{11}$	$\dfrac{6}{11}$	$\dfrac{6}{11}$

Nur gestrichelte Linien ausschneiden!

Vorlage 17 Zauberquadrat-Puzzles mit Bruchzahlen

$\frac{1}{2}$	$\frac{1}{3}$	$\frac{1}{6}$
$\frac{1}{9}$	$\frac{2}{9}$	$\frac{4}{9}$
$\frac{5}{9}$	$\frac{5}{18}$	$\frac{7}{18}$

A)

$\frac{1}{3}$	$\frac{1}{5}$	$\frac{2}{5}$
$\frac{3}{10}$	$\frac{4}{15}$	$\frac{7}{15}$
$\frac{7}{30}$	$\frac{11}{30}$	$\frac{13}{30}$

B)

Nur gestrichelte Linien ausschneiden!

Vorlage 18 Dezimalbrüche vertauschen

Hinweis: Die Karten werden auf der Rückseite vor dem Ausschneiden von 1 - 18 durchnumeriert.

1	2	3	4	5	6
0,8	0,80$\overline{8}$	0,809	0,80$\overline{9}$	0,88	0,$\overline{8}$
0,89	0,$\overline{89}$	0,9	0,908	0,9$\overline{08}$	0,90$\overline{8}$
0,90$\overline{9}$	0,98	0,9$\overline{8}$	0,99	0,999	0,$\overline{9}$

13 14 15 16 17 18

Nur gestrichelte Linien ausschneiden!

Vorlage 19 A   Bruchrechendomino, Schnipp-Schnapp, Patience

Hinweis: Geeignet für Aufgaben zum Bruchbegriff.

$\frac{1}{5}$		$\frac{1}{3}$		$\frac{3}{5}$		$\frac{3}{5}$	
$1\frac{2}{3}$		$\frac{3}{4}$		$\frac{1}{5}$		$\frac{1}{5}$	
$\frac{3}{5}$		$\frac{3}{5}$		$\frac{4}{9}$		$\frac{2}{5}$	
$\frac{3}{4}$		$1\frac{2}{3}$		$1\frac{1}{2}$		$\frac{1}{4}$	
$\frac{1}{2}$		$1\frac{1}{2}$		$\frac{2}{5}$		$1\frac{1}{2}$	
$\frac{1}{3}$		$\frac{2}{5}$		$\frac{1}{4}$		$1\frac{2}{3}$	
$\frac{2}{5}$		$\frac{3}{4}$		$\frac{3}{4}$		$\frac{1}{4}$	
$\frac{1}{4}$		$\frac{4}{9}$		$\frac{1}{2}$		$\frac{4}{9}$	
$\frac{4}{9}$		$\frac{1}{5}$		$1\frac{2}{3}$		$\frac{1}{2}$	
$\frac{1}{3}$		$\frac{1}{2}$		$\frac{1}{3}$		$1\frac{1}{2}$	

Nur gestrichelte Linien ausschneiden!

Vorlage 19 B   Bruchrechendomino, Schnipp-Schnapp, Patience

Hinweis: Geeignet für Aufgaben zum Erweitern und Kürzen

$\frac{3}{4}$	$\frac{3}{9}$	$\frac{1}{4}$	$\frac{2}{6}$	$\frac{1}{5}$	$\frac{12}{16}$	$\frac{1}{5}$	$\frac{9}{36}$
$\frac{3}{5}$	$\frac{6}{4}$	$1\frac{2}{3}$	$\frac{300}{400}$	$\frac{1}{4}$	$\frac{30}{50}$	$\frac{1}{4}$	$\frac{10}{6}$
$\frac{1}{5}$	$\frac{500}{300}$	$1\frac{1}{2}$	$\frac{6}{10}$	$\frac{1}{3}$	$\frac{4}{20}$	$\frac{1}{3}$	$\frac{300}{200}$
$1\frac{1}{2}$	$\frac{3}{15}$	$\frac{1}{5}$	$\frac{5}{3}$	$\frac{2}{5}$	$\frac{30}{20}$	$\frac{2}{5}$	$\frac{5}{25}$
$\frac{1}{4}$	$\frac{3}{12}$	$\frac{3}{4}$	$\frac{3}{2}$	$\frac{4}{9}$	$\frac{4}{16}$	$\frac{4}{9}$	$\frac{33}{44}$
$1\frac{2}{3}$	$\frac{12}{27}$	$\frac{1}{3}$	$\frac{2}{8}$	$\frac{1}{2}$	$\frac{50}{30}$	$\frac{1}{2}$	$\frac{7}{21}$
$\frac{1}{3}$	$\frac{6}{15}$	$\frac{1}{2}$	$\frac{4}{10}$	$\frac{3}{5}$	$\frac{4}{12}$	$\frac{3}{5}$	$\frac{11}{22}$
$\frac{1}{2}$	$\frac{6}{8}$	$\frac{3}{5}$	$\frac{8}{18}$	$\frac{3}{4}$	$\frac{7}{14}$	$\frac{3}{4}$	$\frac{300}{500}$
$\frac{2}{5}$	$\frac{9}{15}$	$\frac{4}{9}$	$\frac{2}{10}$	$1\frac{1}{2}$	$\frac{8}{20}$	$1\frac{1}{2}$	$\frac{40}{90}$
$\frac{4}{9}$	$\frac{5}{10}$	$\frac{2}{5}$	$\frac{2}{4}$	$1\frac{2}{3}$	$\frac{16}{36}$	$1\frac{2}{3}$	$\frac{10}{25}$

Nur gestrichelte Linien ausschneiden!

Vorlage 19 C   Bruchrechendomino, Schnipp-Schnapp, Patience

Hinweis: Geeignet für Aufgaben zur Addition und Subtraktion.

$\frac{3}{5}$	$\frac{1}{2}-\frac{3}{10}$	$\frac{3}{5}$	$\frac{1}{10}+\frac{1}{10}$	$\frac{1}{4}$	$1-\frac{4}{5}$	$\frac{3}{4}$	$\frac{4}{5}-\frac{3}{5}$
$\frac{1}{5}$	$\frac{7}{8}-\frac{5}{8}$	$\frac{1}{5}$	$\frac{1}{2}-\frac{1}{4}$	$1\frac{2}{3}$	$1-\frac{3}{4}$	$\frac{3}{5}$	$\frac{3}{4}-\frac{2}{4}$
$\frac{2}{5}$	$\frac{1}{2}-\frac{1}{6}$	$\frac{4}{9}$	$\frac{1}{6}+\frac{1}{6}$	$1\frac{1}{2}$	$1-\frac{2}{3}$	$\frac{1}{5}$	$\frac{2}{3}-\frac{1}{3}$
$\frac{3}{4}$	$\frac{1}{2}-\frac{1}{10}$	$1\frac{1}{2}$	$1-\frac{3}{5}$	$\frac{1}{5}$	$\frac{2}{10}+\frac{1}{5}$	$1\frac{1}{2}$	$\frac{1}{5}+\frac{1}{5}$
$\frac{1}{3}$	$\frac{2}{3}-\frac{2}{9}$	$\frac{2}{5}$	$\frac{1}{3}+\frac{1}{9}$	$\frac{3}{4}$	$1-\frac{5}{9}$	$\frac{1}{4}$	$\frac{3}{9}+\frac{1}{9}$
$1\frac{2}{3}$	$\frac{1}{3}+\frac{1}{6}$	$\frac{1}{4}$	$\frac{1}{8}+\frac{3}{8}$	$\frac{1}{3}$	$\frac{3}{4}-\frac{1}{4}$	$1\frac{2}{3}$	$\frac{1}{4}+\frac{1}{4}$
$\frac{1}{4}$	$1\frac{2}{5}-\frac{4}{5}$	$\frac{3}{4}$	$\frac{3}{10}+\frac{3}{10}$	$\frac{1}{2}$	$\frac{4}{5}-\frac{1}{5}$	$\frac{1}{3}$	$\frac{2}{5}+\frac{1}{5}$
$\frac{4}{9}$	$1\frac{1}{4}-\frac{1}{2}$	$\frac{1}{2}$	$1\frac{1}{4}-\frac{2}{4}$	$\frac{3}{5}$	$1-\frac{1}{4}$	$\frac{1}{2}$	$\frac{1}{2}+\frac{1}{4}$
$\frac{1}{2}$	$1\frac{1}{3}+\frac{1}{6}$	$1\frac{2}{3}$	$2\frac{1}{2}-1$	$\frac{4}{9}$	$\frac{2}{2}+\frac{1}{2}$	$\frac{2}{5}$	$1+\frac{1}{2}$
$1\frac{1}{2}$	$1\frac{1}{3}+\frac{1}{3}$	$\frac{1}{3}$	$2-\frac{1}{3}$	$\frac{2}{5}$	$\frac{1}{3}+\frac{4}{3}$	$\frac{4}{9}$	$1+\frac{2}{3}$

Nur gestrichelte Linien ausschneiden!

Vorlage 19 D Bruchrechendomino, Schnipp-Schnapp, Patience

Hinweis: Geeignet für Aufgaben zur Multiplikation und Division.

$\frac{1}{3}$	$\frac{2}{3} \cdot \frac{3}{10}$	$\frac{1}{4}$	$\frac{1}{8} : \frac{5}{8}$	$1\frac{1}{2}$	$\frac{1}{3} : \frac{5}{3}$	$\frac{1}{3}$	$\frac{2}{1} \cdot \frac{1}{10}$
$1\frac{1}{2}$	$\frac{6}{10} \cdot \frac{5}{12}$	$1\frac{2}{3}$	$\frac{3}{8} \cdot \frac{2}{3}$	$1\frac{2}{3}$	$\frac{1}{5} \cdot \frac{5}{4}$	$\frac{3}{4}$	$\frac{3}{4} \cdot \frac{1}{3}$
$1\frac{2}{3}$	$\frac{2}{8} \cdot \frac{4}{3}$	$1\frac{1}{2}$	$\frac{1}{5} : \frac{3}{5}$	$\frac{3}{5}$	$\frac{1}{2} \cdot \frac{2}{3}$	$\frac{3}{5}$	$2 \cdot \frac{1}{6}$
$\frac{1}{5}$	$\frac{4}{6} : \frac{5}{3}$	$\frac{1}{5}$	$\frac{1}{2} \cdot \frac{4}{5}$	$\frac{1}{3}$	$\frac{1}{5} \cdot 2$	$1\frac{2}{3}$	$\frac{2}{1} \cdot \frac{1}{5}$
$\frac{1}{4}$	$\frac{1}{2} : \frac{9}{8}$	$\frac{3}{4}$	$\frac{4}{9} : \frac{6}{6}$	$\frac{1}{5}$	$\frac{2}{3} : \frac{3}{2}$	$1\frac{1}{2}$	$\frac{2}{3} \cdot \frac{2}{3}$
$\frac{4}{9}$	$\frac{4}{2} \cdot \frac{3}{12}$	$\frac{1}{3}$	$\frac{2}{3} \cdot \frac{3}{4}$	$\frac{1}{2}$	$\frac{1}{3} : \frac{2}{3}$	$\frac{1}{4}$	$2 \cdot \frac{1}{4}$
$\frac{2}{5}$	$\frac{1}{2} : \frac{5}{6}$	$\frac{1}{2}$	$\frac{1}{5} \cdot 3$	$\frac{2}{5}$	$\frac{4}{10} \cdot \frac{6}{4}$	$\frac{2}{5}$	$\frac{3}{2} \cdot \frac{2}{5}$
$\frac{3}{4}$	$\frac{6}{14} : \frac{4}{7}$	$\frac{3}{5}$	$6 \cdot \frac{1}{8}$	$\frac{1}{4}$	$3 \cdot \frac{1}{4}$	$\frac{4}{9}$	$\frac{5}{4} \cdot \frac{3}{5}$
$\frac{3}{5}$	$\frac{3}{2} : \frac{1}{1}$	$\frac{4}{9}$	$\frac{6}{5} \cdot \frac{5}{4}$	$\frac{3}{4}$	$\frac{1}{2} \cdot 3$	$\frac{1}{5}$	$\frac{1}{2} : \frac{1}{3}$
$\frac{1}{2}$	$5 \cdot \frac{3}{9}$	$\frac{2}{5}$	$\frac{6}{3} \cdot \frac{5}{6}$	$\frac{4}{9}$	$\frac{5}{4} \cdot \frac{4}{3}$	$\frac{1}{2}$	$\frac{1}{3} : \frac{1}{5}$

Nur gestrichelte Linien ausschneiden!

Vorlage 20 A Bruchrechenlotto, Lotto-Patience

1	$\frac{3}{5}$	$\frac{1}{5}$	$\frac{4}{7}$
$\frac{1}{2}$	$\frac{2}{7}$	$\frac{1}{4}$	$\frac{1}{9}$
$\frac{2}{5}$	$\frac{1}{8}$	$\frac{5}{8}$	$\frac{1}{6}$
$\frac{1}{7}$	$\frac{2}{3}$	$\frac{4}{9}$	$\frac{1}{5}$
$\frac{3}{8}$	1	$\frac{4}{7}$	$\frac{4}{5}$
2	$\frac{1}{2}$	$\frac{1}{9}$	$\frac{3}{7}$
$\frac{1}{3}$	$\frac{2}{5}$	$\frac{1}{6}$	$\frac{3}{4}$
$\frac{6}{7}$	$\frac{1}{7}$	$\frac{1}{5}$	$\frac{5}{6}$
$\frac{3}{8}$	$\frac{3}{5}$	$\frac{1}{5}$	$\frac{4}{5}$
2	$\frac{2}{7}$	$\frac{1}{4}$	$\frac{3}{7}$
$\frac{1}{3}$	$\frac{1}{8}$	$\frac{5}{8}$	$\frac{3}{4}$
$\frac{6}{7}$	$\frac{2}{3}$	$\frac{4}{9}$	$\frac{5}{6}$

Nur gestrichelte Linien ausschneiden!

Vorlage 20 B Bruchrechenlotto, Lotto-Patience

$\frac{1}{4} + \frac{1}{8}$	$\frac{3}{2} \cdot \frac{1}{4}$	$\frac{1}{10} + \frac{1}{10}$	$\frac{2}{5} : 2$
$\frac{3}{2} + \frac{1}{2}$	$\frac{4}{9} \cdot \frac{9}{2}$	$\frac{2}{5} \cdot \frac{5}{8}$	$\frac{1}{5} : \frac{4}{5}$
$\frac{1}{6} + \frac{1}{6}$	$\frac{1}{4} : \frac{3}{4}$	$\frac{1}{2} + \frac{1}{8}$	$\frac{3}{4} - \frac{1}{8}$
$1 - \frac{1}{7}$	$\frac{2}{7} \cdot 3$	$\frac{2}{3} \cdot \frac{2}{3}$	$\frac{1}{9} : \frac{1}{4}$
$\frac{5}{4} - \frac{1}{4}$	$\frac{2}{3} : \frac{2}{3}$	$2 \cdot \frac{2}{7}$	$\frac{3}{7} + \frac{1}{7}$
$\frac{2}{3} - \frac{1}{6}$	$\frac{3}{4} \cdot \frac{2}{3}$	$\frac{1}{3} \cdot \frac{1}{3}$	$\frac{2}{3} - \frac{5}{9}$
$\frac{2}{7} : \frac{5}{7}$	$\frac{1}{2} \cdot \frac{4}{5}$	$\frac{1}{2} \cdot \frac{1}{3}$	$\frac{1}{2} - \frac{1}{3}$
$\frac{3}{14} - \frac{1}{14}$	$\frac{1}{8} : \frac{7}{8}$	$\frac{1}{10} + \frac{1}{10}$	$\frac{2}{11} : \frac{10}{11}$
$\frac{1}{2} + \frac{1}{10}$	$\frac{2}{5} : \frac{2}{3}$	$\frac{2}{5} : \frac{1}{2}$	$\frac{3}{10} + \frac{5}{10}$
$\frac{1}{7} + \frac{1}{7}$	$\frac{5}{14} - \frac{1}{14}$	$1 - \frac{4}{7}$	$1 : \frac{7}{3}$
$\frac{1}{4} - \frac{1}{8}$	$\frac{1}{16} + \frac{1}{16}$	$2 \cdot \frac{3}{8}$	$\frac{3}{7} : \frac{4}{7}$
$1 - \frac{1}{3}$	$\frac{7}{3} \cdot \frac{2}{7}$	$\frac{1}{2} + \frac{1}{3}$	$\frac{7}{6} - \frac{1}{3}$

Nur gestrichelte Linien ausschneiden!

Vorlage 21   Druzzle

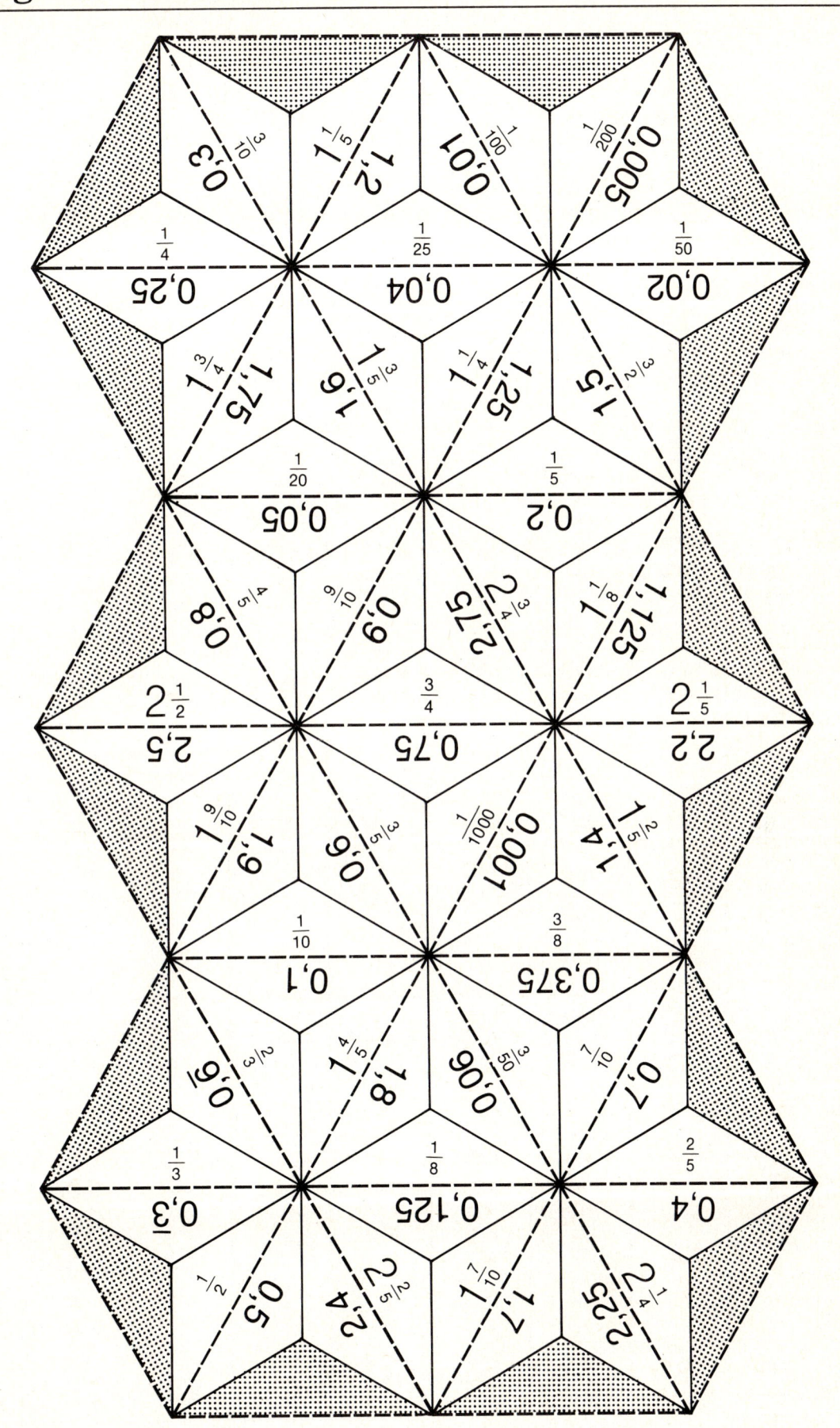

Nur gestrichelte Linien ausschneiden!

Vorlage 22 Dezimal-Domino

0,4·5	4:5	1,6:0,2	2:0,4	2:4	12,5:10	125:10	2,5·2	4:0,5	0,2·25
0,2	0,2	0,2	0,2	0,2	2	2	2	2	2
0,05·10	5:10	0,1·125	12,5·0,1	0,8:0,1	2,5:0,5	2,5·0,2	25:2	0,5:0,4	4:20
0,8	0,8	0,8	0,8	0,8	8	8	8	8	8
5·0,04	0,4:0,2	16:20	0,4·20	2,5:2	10:20	5:0,4	2:10	0,1·8	4·0,5
0,5	0,5	0,5	0,5	0,5	5	5	5	5	5
0,4·0,5	50:4	0,2·10	0,4·2	10:0,8	5:4	0,1·2	0,2:0,1	0,4:0,5	5·0,1
1,25	1,25	1,25	1,25	1,25	12,5	12,5	12,5	12,5	12,5

Nur gestrichelte Linien ausschneiden!

Vorlage 23 Dezimal-Nautilus

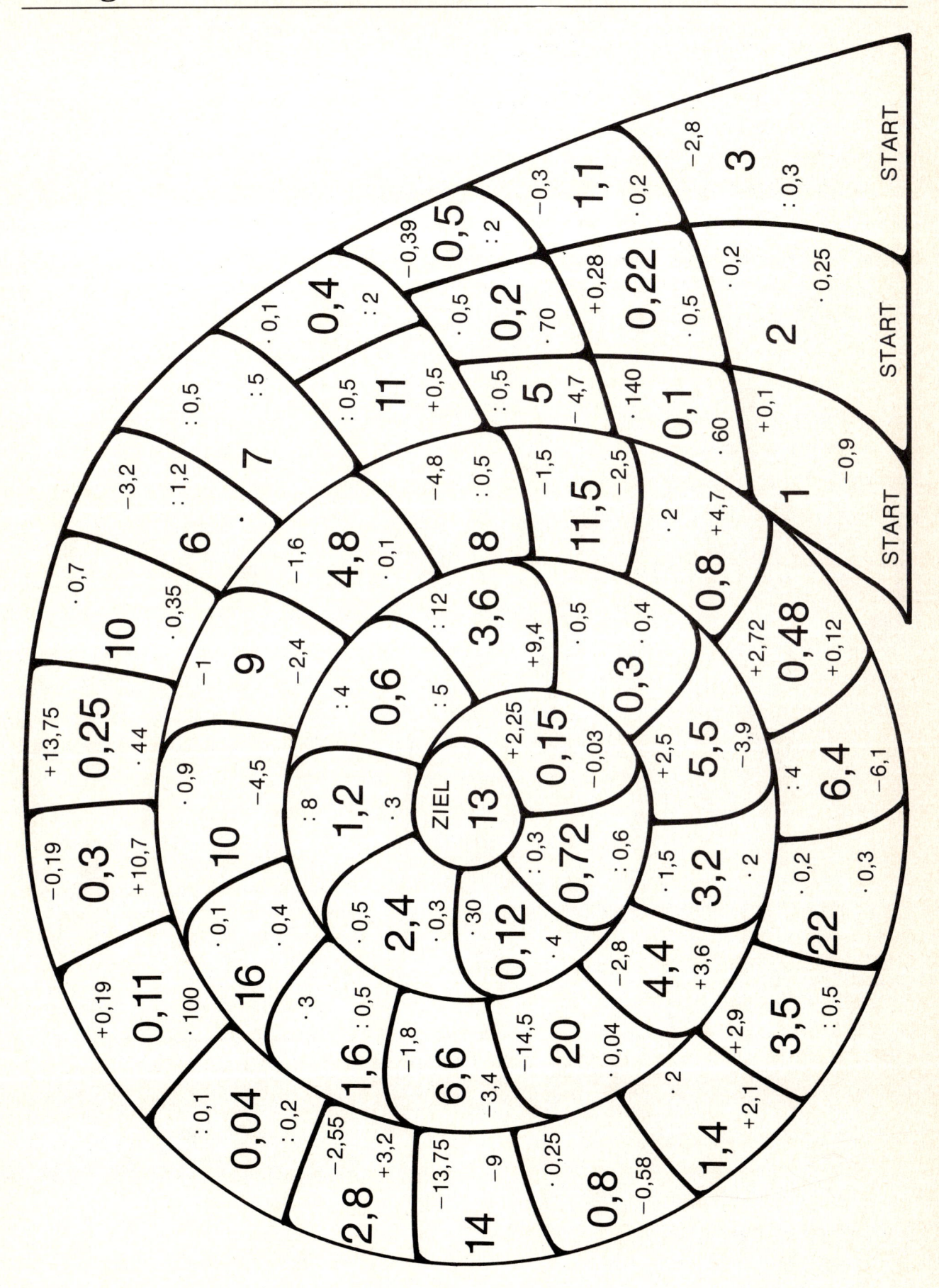

Vorlage 24 Dezimal-Slalom

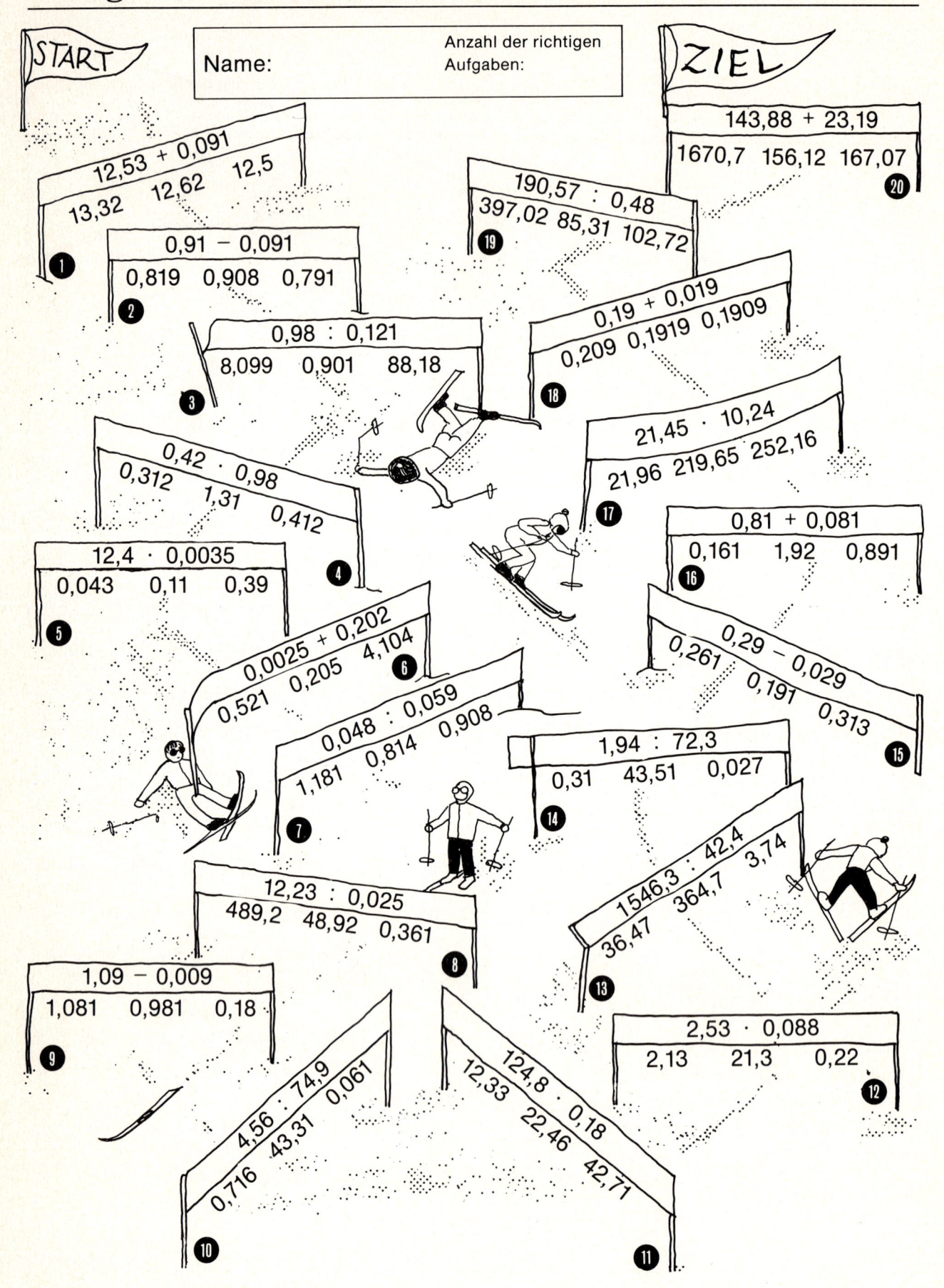

Name: Anzahl der richtigen Aufgaben:

START **ZIEL**

1. 12,53 + 0,091   13,32   12,62   12,5
2. 0,91 − 0,091   0,819   0,908   0,791
3. 0,98 : 0,121   8,099   0,901   88,18
4. 0,42 · 0,98   0,312   1,31   0,412
5. 12,4 · 0,0035   0,043   0,11   0,39
6. 0,0025 + 0,202   0,521   0,205   4,104
7. 0,048 : 0,059   1,181   0,814   0,908
8. 12,23 : 0,025   489,2   48,92   0,361
9. 1,09 − 0,009   1,081   0,981   0,18
10. 4,56 : 74,9   0,716   43,31   0,061
11. 124,8 · 0,18   12,33   22,46   42,71
12. 2,53 · 0,088   2,13   21,3   0,22
13. 1546,3 : 42,4   36,47   364,7   3,74
14. 1,94 : 72,3   0,31   43,51   0,027
15. 0,29 − 0,029   0,261   0,191   0,313
16. 0,81 + 0,081   0,161   1,92   0,891
17. 21,45 · 10,24   21,96   219,65   252,16
18. 0,19 + 0,019   0,209   0,1919   0,1909
19. 190,57 : 0,48   397,02   85,31   102,72
20. 143,88 + 23,19   1670,7   156,12   167,07

90

Vorlage 25   Dreisatz-Terzett

Brötchen
 	
Man braucht zum Backen von
12 Brötchen   660 g Mehl;
  5 Brötchen   ? g Mehl;
  4 Brötchen   ? g Mehl.
	Benzinverbrauch
	
	Ein VW braucht für
	150 km 12 l Benzin;
	200 km ? l Benzin;
	  ? km 40 l Benzin.
		Benzinverbrauch
		
		Ein VW braucht für
		200 km 16 l Benzin;
		  ? km 40 l Benzin;
		  ? km 12 l Benzin.
			Benzinverbrauch
			
			Ein VW braucht für
			500 km 40 l Benzin;
			200 km ? l Benzin;
			  ? km 12 l Benzin.

Wasserrohr
 	
Durch ein Rohr fließen in
  1 Stunde   50 l Wasser;
12 min.   ? l Wasser;
? Stunden 150 l Wasser.
	Wasserrohr
	
	Durch ein Rohr fließen in
	12 min. 10 l Wasser;
	? Stunden 150 l Wasser;
	  1 Stunde ? l Wasser.
		Wasserrohr
		
		Durch ein Rohr fließen in
		  3 Stunden 150 l Wasser;
		12 min. ? l Wasser;
		  1 Stunde ? l Wasser.	

Benzinkosten
 	
30 l Benzin kosten 36 DM;
50 l Benzin kosten ? DM;
  ? l Benzin kosten 48 DM.
	Benzinkosten
	
	40 l Benzin kosten 48 DM;
	30 l Benzin kosten ? DM;
	50 l Benzin kosten ? DM;
		Benzinkosten
		
		50 l Benzin kosten 60 DM;
		30 l Benzin kosten ? DM;
		  ? l Benzin kosten 48 DM.
			Radfahrer
			
			Ein Radfahrer braucht für eine Strecke von
			36 km 2 Stunden;
			  ? km 5 Stunden;
			  ? km 3 Stunden.

Radfahrer
 	
Ein Radfahrer braucht für eine Strecke von
54 km   3 Stunden;
36 km   ? Stunden;
  ? km   5 Stunden.
	Radfahrer
	
	Ein Radfahrer braucht für eine Strecke von
	90 km 5 Stunden;
	36 km ? Stunden;
	  ? km 3 Stunden.
		Brötchen
		
		Man braucht zum Backen von
		4 Brötchen 220 g Mehl;
		? Brötchen 660 g Mehl;
		5 Brötchen ? g Mehl.
			Brötchen
			
			Man braucht zum Backen von
			5 Brötchen 275 g Mehl;
			? Brötchen 660 g Mehl;
			4 Brötchen ? g Mehl.

Nur gestrichelte Linien ausschneiden!

Vorlage 25   Dreisatz-Terzett

Maurer Zum Bau einer Mauer brauchen 3 Maurer 8 Tage; 2 Maurer ? Tage; ? Maurer 6 Tage;	**Maurer** Zum Bau einer Mauer brauchen 2 Maurer 12 Tage; ? Maurer 8 Tage; ? Maurer 6 Tage;	**Maurer** Zum Bau einer Mauer brauchen 4 Maurer 6 Tage; 2 Maurer ? Tage; ? Maurer 8 Tage;	**Schulklasse** Eine Klasse läßt sich aufteilen in 6 Gruppen zu je 5 Schülern; in 10 Gruppen zu je ? Schülern; in ? Gruppen zu je 2 Schülern.
Schulklasse Eine Klasse läßt sich aufteilen in 10 Gruppen zu je 3 Schülern; in ? Gruppen zu je 5 Schülern; in ? Gruppen zu je 2 Schülern.	**Schulklasse** Eine Klasse läßt sich aufteilen in 15 Gruppen zu je 2 Schülern; in 10 Gruppen zu je ? Schülern; in ? Gruppen zu je 5 Schülern.	**Bonbons** Hans hat genug Geld um 39 Bonbons zu je 2 Pf. oder ? Bonbons zu je 3 Pf. oder ? Bonbons zu je 6 Pf. zu kaufen.	**Bonbons** Hans hat genug Geld um 26 Bonbons zu je 3 Pf. oder 39 Bonbons zu je ? Pf. oder ? Bonbons zu je 6 Pf. zu kaufen.
Bonbons Hans hat genug Geld um 13 Bonbons zu je 6 Pf. oder ? Bonbons zu je 3 Pf. oder 39 Bonbons zu je ? Pf. zu kaufen.	**Draht** Eine Rolle Draht kann zerlegt werden in 24 Stücke mit je 4 m Länge oder ? Stücke mit je 3 m Länge oder ? Stücke mit je 2 m Länge	**Draht** Eine Rolle Draht kann zerlegt werden in 32 Stücke mit je 3 m Länge oder 24 Stücke mit je ? m Länge oder ? Stücke mit je 2 m Länge	**Draht** Eine Rolle Draht kann zerlegt werden in 48 Stücke mit je 2 m Länge oder ? Stücke mit je 3 m Länge oder 24 Stücke mit je ? m Länge
Farbe Mit einem Eimer Farbe kann man eine Fläche von 6 m Länge und 10 m Breite oder 15 m Länge und ? m Breite oder ? m Länge und 12 m Breite streichen.	**Farbe** Mit einem Eimer Farbe kann man eine Fläche von 15 m Länge und 4 m Breite oder ? m Länge und 12 m Breite oder ? m Länge und 10 m Breite streichen.	**Farbe** Mit einem Eimer Farbe kann man eine Fläche von 5 m Länge und 12 m Breite oder 15 m Länge und ? m Breite oder ? m Länge und 10 m Breite streichen.	

Nur gestrichelte Linien ausschneiden!

Vorlage 26 Prozentrechen-Puzzle

8%	1000	25	10	3
16	40%	16	50%	1600
160	20	6.	32	80%
50	80%	2000	250	40
4	2,5	40	20	16%
500	80	5	75%	40%
10%	5%	1000	25%	8
25%	12,5%			

Nur gestrichelte Linien ausschneiden!

Vorlage 27 Prozentrechen-Domino

3% von 1000	50% von 20	3% von 1200	10% von 400	16% von 500	15% von 400	5% von 400	2% von 1200	30% von 200	5% von 600
60	60	60	60	60	80	80	80	80	80
40% von 200	40% von 25	8% von 500	5% von 800	4% von 900	12% von 500	80% von 25	3% von 800	20% von 300	60% von 50
24	24	24	24	24	36	36	36	36	36
4% von 2000	20% von 50	6% von 600	80% von 50	20% von 400	2% von 500	40% von 50	6% von 400	40% von 150	10% von 300
20	20	20	20	20	40	40	40	40	40
10% von 800	5% von 200	12% von 300	20% von 200	4% von 500	9% von 400	10% von 200	12% von 200	8% von 300	15% von 200
30	30	30	30	30	10	10	10	10	10

Nur gestrichelte Linien ausschneiden!

Vorlage 28   Schwarzer Peter ρ

$\frac{1}{50}$	$\frac{1}{50}$	$\frac{1}{25}$	$\frac{1}{25}$	$\frac{1}{20}$	$\frac{1}{20}$	$\frac{3}{50}$	$\frac{3}{50}$
$\frac{1}{10}$	$\frac{1}{10}$	$\frac{3}{25}$	$\frac{3}{25}$	$\frac{1}{5}$	$\frac{1}{5}$	$\frac{3}{10}$	$\frac{3}{10}$
$\frac{1}{4}$	$\frac{1}{4}$	$\frac{1}{3}$	$\frac{1}{3}$	$\frac{2}{5}$	$\frac{2}{5}$	$\frac{1}{2}$	$\frac{1}{2}$
$\frac{3}{5}$	$\frac{3}{5}$	$\frac{2}{3}$	$\frac{2}{3}$	$\frac{3}{4}$	$\frac{3}{4}$	$\frac{4}{5}$	$\frac{4}{5}$

Nur gestrichelte Linien ausschneiden!

Vorlage 28 Schwarzer Peter ρ

2% 2%	4% 4%	5% 5%	6% 6%
2% 2%	4% 4%	5% 5%	6% 6%
10% 10%	12% 12%	20% 20%	30% 30%
10% 10%	12% 12%	20% 20%	30% 30%
25% 25%	$33,\overline{3}\%$ $33,\overline{3}\%$	40% 40%	50% 50%
25% 25%	$33,\overline{3}\%$ $33,\overline{3}\%$	40% 40%	50% 50%
60% 60%	$66,\overline{6}\%$ $66,\overline{6}\%$	75% 75%	80% 80%
60% 60%	$66,\overline{6}\%$ $66,\overline{6}\%$	75% 75%	80% 80%

Nur gestrichelte Linien ausschneiden!

Vorlage 29   Kontospiel

Der reichste Spieler gibt jedem Mitspieler einen Geldschein!	Zahle Deinem linken Nachbarn einen Geldschein (wenn Du keinen hast, einen Schuldschein)!	Dein rechter Nachbar gibt Dir einen Geldschein (wenn er einen hat)!	Dein linker Nachbar gibt Dir einen Geldschein (wenn er einen hat)!
Ziehe eine Karte vom Stoß und lege eine Karte ab!	Gib einem beliebigen Mitspieler eine Karte!	Wenn Du insgesamt Schulden hast, gibt Dir jeder Mitspieler einen Geldschein!	Wenn Du insgesamt Schulden hast, darfst Du eine Karte vom Stapel ziehen und eine ablegen!
Wenn Dein rechter Nachbar insgesamt Schulden hat, übernimmst Du seinen kleinsten Schuldschein!	Ziehe eine Karte vom Stoß!	Ziehe eine Karte vom Stoß und lege eine beliebige Karte ab!	Ziehe eine Karte vom Stoß!
Ziehe eine Karte vom Stoß und gib einem beliebigen Spieler eine Karte!	Der ärmste Spieler erhält von jedem Mitspieler einen Geldschein!	Ziehe eine Karte von beliebigem Mitspieler!	Ziehe zwei Karten vom Stoß!
−200 S −200	−200 S −200	−200 S −200	+200 H +200
+200 H +200	+200 H +200	−250 S −250	−150 S −150

Nur gestrichelte Linien ausschneiden!

Vorlage 29   Kontospiel

− 100 S − 100	+ 200 H + 200	− 100 S − 100	− 500 S − 500
+ 150 H + 150	+ 300 H + 300	+ 700 H + 700	− 500 S − 500
− 200 S − 200	− 300 S − 300	− 700 S − 700	+ 500 H + 500
+ 150 H + 150	+ 100 H + 100	− 100 S − 100	− 200 S − 200

98   Nur gestrichelte Linien ausschneiden!

Vorlage 30   Schwimmen

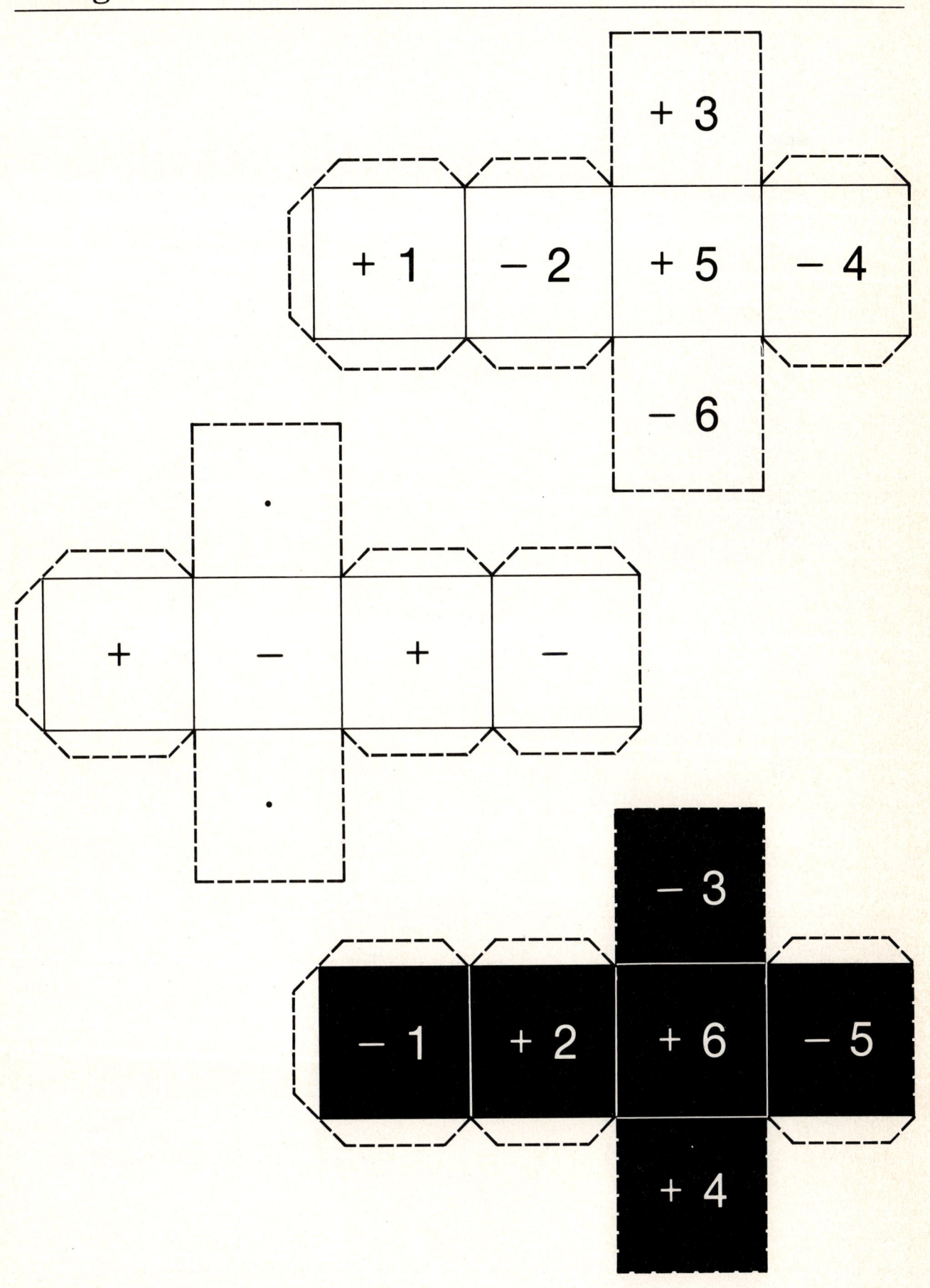

+ 3

+ 1 | − 2 | + 5 | − 4

− 6

+ | − | + | −

− 3

− 1 | + 2 | + 6 | − 5

+ 4

Nur gestrichelte Linien ausschneiden!

Vorlage 31   ℤ -Puzzle

− 24	− 24	− 36	− 36
+ 36	− 72	+ 72	+ 36
+ 48	− 2	+ 2	− 3
+ 3	− 4	+ 4	− 6
+ 6	+ 4	+ 6	− 8
− 12	+ 12	− 6	+ 18
− 9			

100   **Nur gestrichelte Linien ausschneiden!**

Vorlage 32 ℤ-Domino

+1	(+3)−(+4)	+7	(−3)+(+4)	+12	(−2)·(+6)	+4	(−3)·(+4)
+1	(+3)+(+4)	+7	(−5)−(−4)	+12	(+12):(−3)	+4	(−4)+(+3)
+1	(−9)−(−2)	+7	(−2)·(−6)	+12	(−2)·(+2)	+4	(+3)−(−4)
+1	(+2)·(−6)	+7	(−8)−(+4)	+12	(−4)−(−5)	+4	(−3)−(+4)
+1	(−8)−(−4)	+7	(−4)−(−8)	+12	(+3)+(−4)	+4	(+12):(+3)
−1	(+4)+(−3)	−7	(−12):(+3)	−12	(+4)−(−3)	−4	(+8)−(+4)
−1	(+11)−(+4)	−7	(+4)−(+3)	−12	(−3)+(−4)	−4	(+3)·(−4)
−1	(−4)−(+3)	−7	(−4)−(−3)	−12	(−3)·(−4)	−4	(+12):(−3)
−1	(−4)−(−8)	−7	(−3)−(−10)	−12	(+4)−(−8)	−4	(−10)−(−3)
−1	(−2)·(−2)	−7	(+3)·(+4)	−12	(−3)−(−4)	−4	(+8)−(−4)

Nur gestrichelte Linien ausschneiden!

Vorlage 33   16 Mexikaner